美丽乡村之农业旅游

罗　凯　著

中国农业出版社

图书在版编目（CIP）数据

美丽乡村之农业旅游 / 罗凯著．—北京：中国农业出版社，2017.7（2019.5 重印）
ISBN 978-7-109-22816-0

Ⅰ．①美…　Ⅱ．①罗…　Ⅲ．①观光农业—旅游资源开发—中国　Ⅳ．①F592.68

中国版本图书馆 CIP 数据核字（2017）第 052583 号

中国农业出版社出版
（北京市朝阳区麦子店街 18 号楼）
（邮政编码 100125）
责任编辑　赵　刚

北京万友印刷有限公司印刷　　新华书店北京发行所发行
2017 年 7 月第 1 版　　2019 年 5 月北京第 12 次印刷

开本：880mm×1230mm　1/32　　印张：6.125
字数：205 千字
定价：25.00 元

前　言 FOREWORD

随着21世纪的到来，农业美学悄然兴起，在实践上探索，在理论上研究。现代农业、生态农业、观光农业、休闲农业、创意农业、旅游农业等的产生与发展，特别是《坚定不移沿着中国特色社会主义道路前进　为全面建设小康社会而奋斗——在中国共产党第十八次全国代表大会上的报告》提出的“大力推进生态文明建设”“努力建设美丽中国”，2013年12月23—24日召开的中央农村工作会议强调的“中国要强，农业必须强；中国要美，农村必须美；中国要富，农民必须富”以及建设美丽乡村、美丽田园热潮的掀起，无不体现着人类对美、对农业美的追求，无不预示着美学农业已成为农业发展的一种方向和社会发展的一种需求。

基于此，笔者以1998年底开始的建设雷州半岛南亚热带农业示范区实践为基础，于1999年12月开始从事农业美学的研究、创立及其学科体系的构建。2000年10月在《热带农业科学》2000年第5期发表《建设雷州半岛南亚热带农业示范区中的美学问题探讨》。尔后，先后发表相关论文89篇，入选相关学术会议31个，荣获各种学术、科技奖10项；2001年12月拟定以研究农业美学基本问题为主题的《农业美学初探》提纲，2002年8月脱稿，2004年5月内部刊印，2007年6月作为社会主义新农村建设实务丛书之首部，由中国轻工业出版社正式出版，2010年10月荣获湛江市哲学社会科学优秀成果奖著作类二等奖；2015年4月由中国农业出版社出版以研究农业设计为主题的《美丽乡村之农业设计》；2015 年 12 月由西北农林科技大学出版社出版以研究农业美学基本任务为主题的《农业新论》。与此同时，提出并完成农业美学学科体系基本框架，即由农业美学、农业新论、美学农业规划、农业设计、农业工具设计、农业技能美、美学农业技术、美学农业经济、农业音乐、农业文化、村庄设计、乡村生活方式、农业鉴赏、农业旅游和农业美学史组成。

继此，笔者又撰写了以农业旅游为主题的《美丽乡村之农业旅游》。但愿它的出版，能对现代农业、生态农业、观光农业、休闲农业、创意农业、旅游农业等的发展、特别是对美学农业的发展、美丽中国的建设起着指导作用。

值此之际，谨对一直以来对农业美学的研究给予关心、爱护、帮助和支持的社会各界人士，特别是对《美丽乡村之农业旅游》的出版给予厚爱的中国农业出版社致以衷心的感谢！

罗　凯

2017 年 1 月 25 日

目 录 CONTENTS

第一章　概　　论

人类的旅游可以说由来已久，马可·波罗和徐霞客的旅游堪称古代中外旅游的里程碑。农业旅游始兴于19世纪30年代的欧洲，我国则兴于20世纪80年代。关于农业旅游，尽管已有不少专家、学者进行了研究，但作为一门学科来构建尚未见有报道。如果说美学农业所追求的终极目标不是经济指标，而是生活质量，但初始目标或局部目标就是经济指标的话，那么，农业旅游就是实现美学农业经济目标的主要途径。下面就从旅游的一般问题谈起。

第一节　旅游的一般问题

《现代汉语词典》对“旅游”一词的定义是：旅行游览。

好搜百科对“旅游”一词的定义则是：人们为了休闲、娱乐、探亲、访友或者商务目的而进行的非定居性旅行和在游览过程中所发生的一切关系和现象的总和。

从字义上来看，“旅”是旅行，是外出，是为了实现某一目的而在空间上从此地到彼地的行进过程；“游”是外出游览、观光、休闲、娱乐；“旅游”就是为了实现游览、观光、休闲而在空间上从此地到彼地的行进过程。

从字根上来看，tour（旅游）来源于拉丁语的“tornare”和希腊语的“tornos”，其含义都是“车床或圆圈；围绕一个中心点或轴的运动”。这个含义在现代英语中演变为“顺序”。后缀-ism 意为“一个行动或过程，以及特定行为或特性”，-ist 意为“从事特定活动的人”。tour 与-ism 一起，则意为按照圆形轨迹的移动，也就是一种往复的行程，一种从始发地到目的地再回到始发地的活动。

从要素上来看，“吃、住、行、游、购、娱”是公认的旅游“六要素”。“吃”，就是饮食；“住”，就是居住；“行”，就是行进；“游”，就是游览；“购”，就是购物；“娱”，就是娱乐。

那么，旅游“六要素”就是旅游？或，具备“六要素”就是旅游？回答是：不见得。因为具备“六要素”的地方或活动很多，即使在住宅小区也具备“六要素”，或也可实现吃、住、行、游、购、娱，或也可进行吃、住、行、游、购、娱。住在住宅小区，在家宅的餐厅里可实现“吃”，在小区的小餐馆里也可实现“吃”；在家宅的卧室里可实现“住”，在邻居的房间里也可实现“住”；从楼下到楼上来回走动可实现“行”，在小区内到处转转也可实现“行”；在小区内看看树木、花草可实现“游”，观观假山、假水也可实现“游”；到小区内的超市购买货物可实现“购”，到小区内的米店买米也可实现“购”；在家宅内的电脑上玩玩游戏可实现“娱”，到邻居家打打牌也可实现“娱”。那么，这是旅游吗？回答肯定是：“不是”。这为什么不是旅游？回答也肯定是：“这些太熟悉了，充其量只能算是日常生活。”

熟悉的“吃、住、行、游、购、娱”不是旅游，那么，陌生的呢？回答应该是：是。因为在陌生的地方，或到陌生的地方，可以进行不同于日常的吃、住、行、游、购、娱，不同于住宅小区的吃、住、行、游、购、娱。的确，是的。到邻县去，到从未到过的邻县去，那里往往有不同的吃、不同的住、不同的行、不同的游、不同的购、不同的娱。在那里，可以吃到白切狗，住上珊瑚宅，划上竹排，游览西湖，购买珍珠，玩上骨牌，尽管这些不见得比得上家乡的，但的确会有不同的体验，形成特有的情趣，因此，这的确是旅游。

然而，陌生的“吃、住、行、游、购、娱”却不见得是理想或最理想的旅游。像上面提到的邻县就是这样，就不见得比得上家乡的。那么，到哪里旅游才能实现理想的“吃、住、行、游、购、娱”呢？显然，只有到最具典型性、代表性、最美丽又陌生或比较陌生的地区，才能实现理想的“吃、住、行、游、购、娱”。显然，要到某一最具典型性、代表性、最美丽又陌生或比较陌生的地区，实现全部理想或最理想的“吃、住、行、游、购、娱”，往往是不可能的，只可能是实现某一或某些方面的理想或最理想的“吃、住、行、游、购、娱”。例如，要实现理想或最理想的“游山”，就应该到黄山去。因为黄山这座位于安徽省南部的名山，拥有奇松、怪石、云海和温泉四绝。峰峦叠嶂，奇峰怪石，云雾缭绕，配上黄山松，构成了无不令人叹为观止的奇、险、深、幽等奇景。玉屏楼和迎客松、光明顶飞来石、猴子观海、梦笔生花、天都峰、莲花峰、始信峰及西海排云亭，各有特色，别具一格。显然，到黄山去，就能欣赏到奇松、怪石、云海和温泉四绝，就能欣赏到上述景观，就能欣赏到其他山岭、其他景区、其他地区所不具有的景观，就能实现理想的“游山”，就能实现理想的旅游。

值得注意的是，黄山对于未曾到过或很少到过的人们来说，是陌生的或比较陌生的，是可以实现理想的“游山”的，但是，对于当地居民或经常到这里来的人们来说，却是熟悉的，是难于实现理想的“游山”的，尽管他们也不时欣赏这里的奇松、怪石、云海，浸泡这里的温泉。一句话，这也不是旅游，不是真正意义的旅游。

综上所述，旅游是在空间上从始发地到陌生的或比较陌生的目的地再回到始发地进行吃、住、行、游、购、娱的过程，理想的旅游则是在空间上从始发地到最具典型性、代表性、最美丽又陌生或比较陌生的目的地再回到始发地进行吃、住、行、游、购、娱的过程。

尽管人们对旅游的看法、定义不尽相同，包括笔者对旅游的看法、定义也未必准确，但是，旅游的发展却是毋庸置疑的，旅游在国民经济和人们生活中的地位愈来愈高的事实也是毋庸置疑的。而随着人均 GDP 达到甚至超过 1 000 美元水平，特别是达到甚至超过 3 000 美元的时候，作为高生活质量和多层次消费，特别是作为发展性消费、享受性消费之一的旅游更是发展迅猛。欧洲旅游委员会曾在 1989 年预测，到 2000 年旅游业将成为世界第一大产业。然而，仅到 1992 年，旅游业就已经按捺不住，飞速发展，超过钢铁、石油、汽车等传统产业，成为头号世界产业。世界旅游组织则预测，到 2020 年，全球国际旅游者将达 16 亿人次，消费将达 2 万亿美元，平均增长率分别达 4.35％和 6.7％。我国旅游业则从 1994 年以来一直保持稳定的高速增长。2013 年，国内游客 32.6 亿人次，同比增长 10.3％；国内旅游收入 26276 亿元，增长 15.7％；国际旅游外汇收入 517 亿美元，增长 3.3％；国内旅游收入占国内生产总值的 4.6％，同比提高 0.3 个百分点。

第二节　农业旅游的形成与发展

农业一直都作为物质生产部门，主要生产粮食、蔬菜、糖料、油料、水果、树木和肉类等可以满足人类对淀粉、脂肪、蛋白质等营养需求和对甜、酸、苦、辣等味道品尝需求以及对加工等原料需求的农产品。作为旅游时间不长，但是，其形成与发展却是值得梳理的。

一、国外农业旅游的形成与发展

旅游是一种休闲、娱乐，是一种慢生活，无不与经济发展水平密切相关。农业旅游更是这样。因此，农业旅游自然始兴于发达国家和地区。

资料表明，农业旅游始兴于 19 世纪 30 年代的欧洲，意大利于 1865 年成立了“农业与旅游全国协会”。尔后，一种新型的农业形态——旅游农业，一种新型的旅游方式——农业旅游从意大利、奥地利始发，逐渐扩展到欧美，扩展到世界。

在意大利，以农场为载体，以农业生产合作社为纽带，以企业为龙头，以乡村旅游与绿色假期为特征，发展农业旅游。目前，全国有300万个中小农场通过农业生产合作社，形成上万家从事农业旅游的专门企业，仅农家宅就达6 500间。西西里岛已发展成为著名的国际旅游胜地。

在法国，以更大的规模、更高的专业化程度、更多样的形式来经营农庄，来发展农业旅游。全国有1.6万户农户建起了家庭旅馆，其中有3 000多家农户联合成“欢迎您到农庄来”，有20%为大中型农庄。农庄的形式有客栈的、骑马的、教学的，也有探索的、狩猎的、暂住的、露营的，尤其以葡萄园和酿酒作坊为载体、以葡萄栽植和酿酒体验为内容的农庄著称于世。

在德国，着力打造市民农园，制定《市民农园法》，规定市民农园五大功能——体验农耕乐趣、自给自足，休闲娱乐和社交场所，绿色环境，退休人员最佳消磨时间的场所。每一户市民提供约2公顷的荒丘建设家庭农园，每50户市民组成一个集团，共同承租，租期30年，中途可转让。仅在柏林，这样的蔬菜果园就有840个。2006年以来，市民农园年产值占全国农业总产值的1/3强。

在加拿大，将美食融于乡土民俗之中，形成富有美食、观光特色的乡村之旅，尤以安大略省的地区美酒之路、魁北克省的果汁之路、荒野探险行、动物科考之路等线路著名。

在美国，采取“市民＋农园”的形式，建设以牧场和渔场为主的休闲农园。休闲农园由市民和农民共同经营，共同投入，共担风险，共享利益。此外，还有科技观光和采摘农园等形式。俄勒冈市郊建一座微生物工厂，专门用石油废渣生产单细胞蛋白，年产1万吨，相当于用6万公顷耕地种植大豆生产的蛋白质产量，游人不但可以游览厂区和生产线，而且可以就地品尝。苹果园、梨园、葡萄园、西瓜园等采摘农园，在瓜果成熟的时候，游人只要支付了费用，就可以到农园里采果、尝果、休息，当然也可以呼吸新鲜空气，聆听鸟儿歌声，甚至可以住上别致的农家院，吃上独特的农家饭。

在日本，建设都市近郊农林公园，以供市民观光、游玩；开辟农产品直销通道，以供绿色饮食；建造乡村房屋，以供民俗风情生活；开发体验农园，以供农耕体验、农林研究和生态研习。东京一家旅行社每年都以春天插秧、秋天收割为卖点，吸引着市民体验农耕之劳作、之情趣。而东京近郊的一间蔬菜工厂，则以蔬菜品种的多样、栽培的无土、操作的电脑和构图的奇妙，吸引着游客观光和研习。起步最早的岩水县小岩井农场，1962 年以来先后建设 600 余亩①观光农园，设置动物广场、牧场馆、农机具展览馆、花圃、自由广场等设施，年吸引游客 70 多万人次。

在韩国，似日本，又不同于日本，似就似在也以农业观光和农耕体验为特色，不同就是这些均集于一体，集于农场，并以周末休闲、体验、度假和生活为形式。

在新加坡，着力于田园科普设计，建设科普教育型农业科技公园。20 世纪 80 年代以来，全国建了 10 个，每个 150 公顷，共 1500 公顷。公园由国家投资、招租经营，租期一般 10 年，由近 500 个农场经营。公园作物布局合理、品种多样、设施别致、操作现代，既生产农业物质产品，也生产农业审美产品，既满足市民对农产品的营养和品尝需求，也满足市民对农业科技的知识需求，而农业科技研发与国际学术交流结合的部分——农业科技研发基地，更是将农业科技推向顶峰，对市民来说是审美之精品，对专家来说是研究的对象。

在以色列，发展资源型旅游农业。以色列是一个水源十分稀缺的国家。该国就旱论旱，就旱做旱。在北部沙漠地区，有一个位于中心地带的村庄，人口仅几百人，却充分地利用沙漠及其独有的沙果，搞起农业旅游。沙果不但极其耐旱，而且十分独特，主要生长于沙漠中，无不给人以稀有、奇异的审美冲击，更可给人以独特口感；沙疗则不但可治疗湿病，而且可给人以特殊的康体方式。这样一来，每年吸引着 20 多万国内外游客。

在马来西亚吉隆坡，园区与节庆结合，尤以马来西亚农业公园

---

① 亩为非法定计量单位，1 亩=1/15 公顷。

走红，年吸引游客 140 多万人次。

在泰国，农业观光与环保旅游结合，农业生态知识普及与泰国风味美食品尝结合，既为农业发展优势区域注入活力，又为泰国旅游产业增添内容。

二、中国台湾农业旅游的形成与发展

台湾是我国的第一大岛，也是我国农业旅游的始发地。全岛面积 3 600 平方千米，人口 2 300 万。农业旅游于 20 世纪 60 年代开始萌芽，1980 年正式形成，至今已发展成为一个比较成熟的大产业。

20 世纪 60 年代，台湾农业旅游开始萌芽。1965 年，阿里山森林游乐区开始发展多目标功能的林业经营活动。1976 年，彰化县田尾公路花园和苗栗县大湖地区的部分农场则开展游客采水果和采草莓活动。借此，供游客体验田园之乐趣，享受丰收之喜悦，释放工作之压力，愉悦郁闷之心灵。由此，萌发农业旅游之嫩芽。

1980 年，台湾农业旅游正式形成。这一年，台北市政府在木栅区指南里创设“木栅观光茶园”，推行“木栅观光茶园计划”，正式推广休闲农业。这一计划有四个特点：一是观光茶园由 53 户茶农组成；二是以茶园观光为内容；三是由政府来组织、推动；四是有序开展。这一计划的实施，立即受到市民的欢迎，从而正式开启台湾的休闲农业。

在“木栅观光茶园计划”的推动下，台湾兴起了农业旅游，准确地说，进入了观光农业时期，直至 1989 年。这一时期，农业旅游以农业观光和瓜果采摘为主，农业观光园区范围越来越广，面积越来越大，种类越来越多。到 1989 年，全岛农业观光园区发展到 14 个县 42 个乡（镇），面积共达 1 000 公顷，观光和采摘作物达 22 种。

1989 年 4 月，台湾农业主管部门委托台湾大学农业推广学系举办了第一次“发展休闲农业研讨会”，不但对农业旅游达成共识，而且正式确定“休闲农业”这一名称，从而将台湾的农业旅游推进到休闲、体验时期，直至 1994 年。这一时期，农业旅游在继续进行观光、采摘等活动内容的同时，还开展吃、住、行、娱、做等方面的体验，极大地丰富、深化了农业旅游的内容。而台湾于 1990 年制定的《发展休闲农业计划》和 1992 年颁发的《休闲农业区设置管理办法》则使农业旅游在行政主管部门的指导下规范、理性、有序地发展。

进入 1995 年以后，台湾的农业旅游进一步发展，逐渐转入度假、休闲时期。这一时期，农业旅游不但进行观光和体验，而且进行度假和休闲。或者可以说，游客往往到乡村、到休闲农业园区住上一段较长的时间，并在这一段较长的时间内进行观赏、体验和休闲。

经过近 50 年的发展，特别是近 30 年的发展，台湾的农业旅游已成为一个比较成熟的大产业。目前，台湾休闲农场（家）共有 1 244 个，面积共约 7 500 公顷，平均每个 6.0 公顷。1999 年以后，新设立的休闲农场 584 个，占 47%，比往年增加约 1 倍；其中桃园县新设立 67 个，宜兰县新设立 59 个，南投县新设立 54 个，台中县新设立 47 个。在 1 244 个休闲农业场中，类型涵盖了休闲农场、森林游乐园、休闲渔场、休闲牧场、观光果园、观光茶园、观光花园、观光菜园、市民农园、教育农园、民宿、休闲农业区等 12 种。

台湾农业旅游的发展，带动了就业的增加，促进了经济的发展。台湾休闲农场平均每个投资 1 164 万元，总计投资（不含土地价值）144.8 亿元，投资回报率 35%，每年吸引游客 4 900 万人次。据匡算，休闲农业共提供近 20 万个就业机会。

三、中国大陆农业旅游的形成与发展

我国大陆的农业旅游始兴于 20 世纪 80 年代，始兴于路边摊店，始兴于北京、上海、广州和深圳等大城市的近郊，尤以珠江三角洲地区发达。当时的路边摊店由农民设于国道两旁，销售农产品和手工产品。不过，随着高速公路的兴起，路边摊店逐渐衰落，被采摘、观光、节庆等形式的农业旅游所取代。当时，深圳市为了招商引资，在成功举办荔枝节的基础上，创办了荔枝采摘园。80 年代末 90 年代初，广东出现果园观光旅游，上海浦东孙桥现代农业开发区、北京锦绣大地农业观光园和珠海农业科学研究所则利用先进现代农业设施，通过引种新、奇、特、优、稀作物品种，开展农业观光。

进入 90 年代，我国大陆的农业旅游进入初期发展阶段。其主要特点有二：一是在大、中城市、特别是沿海经济发达的大中城市的近郊普遍兴起；二是农业旅游的形式多样，除了观光外，还进行体验，在体验中，除了采摘外，还进行钓鱼、种菜、野餐等。

进入 21 世纪，我国大陆的农业旅游则进入初具规模阶段。在这一阶段，呈现如下几个特点：

一是农业旅游上升成为国家战略。2009 年 10 月 30—31 日，农业部在湖南长沙召开全国休闲农业旅游工作座谈会，标志着农业旅游上升为国家战略；而农业部在农产品加工局和农村社会事业发展中心设置休闲农业处，则标志着农业旅游管理专门机构进入国家层面，而农业部 2011 年 8 月印发的《全国休闲农业发展“十二五”规划》，则标志着农业旅游发展专门文件进入国家层面。

二是农业旅游成为旅游主题。国家旅游部门确定 1995 年旅游主题为“民俗风情游”、1998 年为“华夏城乡游”、1999 年为“生态环境游”、2002 年为“民间艺术游”、2004 年为“中国百姓生活游”、2006 年为“中国乡村游”、2007 年为“城乡和谐游”，即将农业旅游作为这些年份的主要旅游。

三是农业旅游蓬勃发展。前瞻产业研究院发布的《2013—2017 年中国休闲农业与乡村旅游深度调研与投资战略规划分析报告》数据显示，截至 2012 年底，我国共有 8.5 万个村开展了休闲农业与乡村旅游活动，休闲农业与乡村旅游经营主体达到 170 万家，其中农家乐 150 万家；从业人员 2 800 万，占全国农村劳动力的 6.9%；年接待游客 8 亿人次，实现营业收入超过 2 400 亿元。根据农业部对全国 13.5 万家典型休闲农业经营主体的调查，农民占其从业人员的92.4%，其土地产出率每亩接近12 000元，是全国农业用地平均产出率的6.2倍。同时，农业旅游还呈现出多样化，有农业观光、农业科技、农业生态、古镇新村、自然景区、休闲度假、民俗文化和农家乐等形式，并分别占30%、17%、16%、11%、8%、7%、6%和5%。尽管这样，目前我国农业旅游收入来源主要还是靠农产品销售，即还处于低水平层面上。

第三节　农业旅游的基本内容

那么，农业旅游应包括什么内容？即其基本框架应怎样？笔者认为，应如下：

一、农业旅游视角下的农业自然资源

农业旅游的实质就是农业资源的旅游开发、美学开发，因此，研究农业旅游，必须研究农业资源开发与利用的旅游意义、美学意义。内容应包括：①农业自然资源概述；②农业自然资源与农业旅游的关系；③农业旅游视角下的中国农业自然资源。

二、农业旅游景观营造

农业旅游景观是农业旅游的对象，因此，农业旅游景观营造是农业旅游的基础，如果说农业旅游景观是农业资源的景观化的话，那么，农业旅游景观营造就是农业资源开发与利用的景观化。研究的内容应包括：①农业旅游景观的内涵；②农业旅游景观的类型；③农业旅游景观的特征；④农业旅游景观的营造。

三、农业旅游设施建设

农业旅游活动的进行和实现固然以农业旅游景观欣赏为归宿，但必须依赖于农业旅游设施，因此，必须建设农业旅游设施。内容应包括：①农业旅游设施的内涵；②农业旅游设施的类型；③农业旅游设施的特征。

四、农业旅游活动组织

无疑，农业旅游活动有商业行为和非商业行为。这里所指的农业旅游活动主要指商业行为，因此，它的组织由旅游部门来操作。其内容应包括：①游客消费心理分析；②游客消费爱好培育；③农业旅游活动计划；④农业旅游活动组织。

五、农业审美产品营销

农业旅游的实质，对生产者和经营者来说，就是农业审美产品的营销，因此，很有必要研究这一问题。其内容应包括：①农业审美产品简述；②农业审美产品市场；③农业审美产品消费；④农业审美产品营销。

六、农业旅游企业管理

农业旅游的存在和发展取决于农业旅游企业，因此，要发展农业旅游，必须建设农业旅游企业，管好农业旅游企业。研究内容包括：①农业旅游企业的类型；②农业旅游企业的管理。

七、农业旅游要素和谐

任何事物都是相互联系的，农业旅游也不例外，因此，要发展农业旅游，必须共建要素和谐。其内容应包括：①农业旅游要素和谐的内涵；②农业旅游要素和谐的表现；③农业旅游要素和谐的建设。

第二章　农业旅游视角下的农业自然资源

从某种意义上可以说，农业旅游就是农业自然资源的旅游化，或者可以说，是农业自然资源的旅游方式的开发和利用，因此，要构建农业旅游学，必须研究农业旅游视角下的农业自然资源。

第一节　农业自然资源概述

自然资源，顾名思义，就是自然存在着的资源，土地是，山岭是，海洋是，湖泊是，矿藏是，大气是。

基于此，农业自然资源则是自然存在着的农业资源，也就是自然存在着的作农业之用的资源。农业自然资源包括土壤、气候、水和生物。

就像世间万物一样，农业自然资源总是以其固有的运动方式运动着。既呈规律性，也呈常变性；既呈独立性，也呈综合性；既呈自然性，也呈人为性。

一、规律性与常变性

农业自然资源运动的规律性，指的是农业自然资源总是依据一定的规律，在时空中运动发展的特性。可以说，所有农业自然资源运动都会依据一定的规律，问题是运动的规律有所不同。

气候的运动尤为有规律。一年四季，即春季、夏季、秋季、冬季，春暖、夏热、秋凉、冬寒。我国古代劳动人民更是根据气候的运动规律，将全年划分为24个节气，即立春、雨水、惊蛰、春分、清明、谷雨、立夏、芒种、小满、夏至、小暑、大暑、立秋、处暑、白露、秋分、寒露、霜降、立冬、小雪、大雪、冬至、小寒、大寒。众所周知，节气的划分，主要是为了农业生产，即为了农业根据季节的变化而安排生产，如立春一般安排早稻播种。二十四节气的确科学地反映了气候一年的变化、运动规律。

农业自然资源运动的规律性即使在看似静止的土壤中也一样表现着。热带亚热带土壤由南向北依次分布着砖红壤、赤红壤、红壤和黄壤四个土壤纬度带，在南部，由东往西又依次分布着赤红壤、红壤（黄壤）及山原红壤三个不同的经度带，海南岛五指山东北坡的砖红壤地带则垂直分布着砖红壤（＜400米）—山地赤红壤（400～800米）—山地黄壤（800～1 200米）—山地表潜黄壤（1 200～1 600米）—山地灌丛草甸土（1 600～1 879米），这就分别是土壤的水平地带规律、相性规律和垂直地带规律，也就是热带亚热带土壤运动的规律性。

农业自然资源运动的常变性，指的则是农业自然资源总是处在不断变化之中的特性。这种常变性主要表现在两方面：一方面，农业自然资源每时每刻都在变化；另一方面，农业自然资源不时会发生一些难于预料的突发变化。

的确，农业自然资源每时每刻都在运动、变化。一天24小时，不用说每个小时气温不同，就是每分钟气温也在变化，只是变化的幅度大小而已。即使在热带地区，在暖和的3—4月，月均温差也达3.5℃左右。土壤是一种看似静止的农业自然资源，不用说由一种土壤类型演变成另一种土壤类型，如由坡地演变成水田，需要较长的时间，就是由地力较低提高到地力较高也需要若干年的改造，需要掺沙改泥或掺泥改沙，需要增施有机肥，等等。然而，土壤仍在每时每刻运动、变化着，至少土壤微生物在运动，在变化。据报道，每克耕作层土壤中平均含3×10^{9}个细菌，含放线菌的孢子量几千万至几亿个，含真菌几万至几十万个，它们的生命活动就可想而知了，它们的运动、变化就可想而知了。

农业自然资源发生着一些难于预料的突发变化。在现实中，我们常常会听到、看到什么 50 年一遇、100 年一遇、200 年一遇的风灾、水灾、旱灾、虫灾、寒潮等，这些就是农业自然资源发生的一些难于预料的突发变化的具体表现、极端表现，这些突发变化往往越出规律之外，使人们难于预料，从而极大地影响相应地区的农业生产。2008 年 1 月 18 日，我国 14 省份局部地区发生历史上罕见的雨雪冰冻灾害，仅到 2 月 21 日止，全国受灾农作物6 330万亩，仅广东全省受灾农作物就达 34 万亩（绝收面积 10.2 万亩），其中粮食作物 1 万亩、蔬菜 12 万亩、甘蔗 5 万亩、蚕桑 0.6 万亩、水果 8 万亩。

农业自然资源运动的规律性与常变性往往是相依相存的，即农业自然资源的常变是其有规律的运动中发生的，规律则是在其常变的运动中形成的。就这一点来说，最有说服力的是降水量。某一地区每一年度的降水量或每一时期的降水量往往处于一定变幅之中。在一般的年度里、时期内，这些降水量往往是比较有规律地分布于其间，但在某一年度里、时期内，这些降水量则偶尔相对集中于某一时间，而其他时间又相对较少，从而使全年度或全时期总降水量与常年相比不相上下。徐闻县常年降水量为 1 364.1 毫米，1、2、3、4、5、6、7、8、9、10、11、12 月分别为 13.8 毫米、20.3 毫米、35.6 毫米、68.6 毫米、94.3 毫米、192.6 毫米、199.3 毫米、270.8 毫米、264.7 毫米、137.9 毫米、49.9 毫米、16.3 毫米。2007 年 8 月 9—11 日降了一场暴雨，降水量达 416 毫米，其中 10 日降雨 214.5 毫米，但统计数字表明，2007 年全年降雨总量为 1 333.7毫米，即与常年相比也不相上下，还少 30.4 毫米。

因此，在农业生产中，在农业自然资源的开发利用中，就应该遵循其运动的规律性和常变性，在宏观上强调规律性，在微观上注重常变性，以期农业生产在农业自然资源的运动中取得丰产丰收。例如，农作物的种植应根据二十四节气来安排，同时，根据地力的状况施肥，根据气候的变化管理，及时地、有效地抗旱、抗洪、抗寒、防病、治虫等，这样，农作物就能健康生长，就能获得丰产丰收。

二、独立性与综合性

农业自然资源运动的独立性，指的是各种农业自然资源都有各自独立的运动规律、运动方式的特性。正是由于独立性的存在，才使得这种农业自然资源成为这种农业自然资源，而不是另种农业自然资源。

上面提到的气候的运动规律与土壤的运动规律相比就很不相同，或者可以说，由于这些不同的存在使它们各自呈现其固有的独立性，或者还可以说，由于这些不同的存在使它们分别成为气候和土壤。当然，事物总有共性。当对气候和土壤作进一步、深入的探究的时候，它们的共性还是会表现出来的，至少表现在两方面，一是都是物质，二是都在运动。

而且，气候和土壤呈现更多的不同。自然，不同的方面有许多，不过，至少表现在如下几方面：一是气候变化频繁，土壤几乎处于静止状态。上面的论述表明，气候一年四季都在变化着，即使是同一天，不同时间也在变化着；土壤则不同，尽管每时每刻也在变化着，但人们一般感觉不到，其演变更是缓慢，一般需要经过上千上万年的时间，以至 20 世纪 80 年代土壤普查的资料在 21 世纪的今天仍能参考、使用。

二是气候变化呈现周期性，土壤的变化则没有周期性。气候变化的周期性是明显的，第二年的气候虽说很难百分之百重复前一年，但却几乎是重复的，春、夏、秋、冬周而复始，以至能根据历年统计资料预测未来年度的气候变化；而土壤则没有这种周期性，就地力这一要素来说，抑或呈现递减的趋势，抑或在人们用养结合的利用和保护下维持原有水平或逐渐提高。

三是气候不时出现突变现象，土壤则没有这种现象。上面的论述还表明，气候不时出现 50 年一遇、100 年一遇、200 年一遇的风灾、水灾、旱灾、寒潮等突变现象；而土壤则几乎都是千百年来都一样，特别是在没有人为特别干预的情况下更是这样。

农业自然资源运动的独立性还表现在同类农业自然资源的不同构成因素中。如气候中的温度和降雨，就至少有如下两方面的不同：一是降雨的区域性较温度强。就一个县域来说，不同地区气温有所不同，但同一时段相差一般在 1～2℃的范围内；而降雨则不同，往往是东部地区降雨，其他地区不降雨。

二是降雨的集中性较温度强。严格地说，天空每天都在降雨，但大多数时间日降水量不足 1 毫米，习惯意义上的降雨每年时间不多，且大多集中于雨季；而温度则不同，每天都在变化着，且变幅不那么大，并呈渐变性，就拿雷州半岛来说，最高温的 7 月为 28.3～28.8℃，最低温的 1 月也有 14.9～16℃，两者相差仅12.8～13.4℃。

当然，气温和降雨运动的不同还有许多。这些不同的运动使它们各具独立性，也使它们成为互不相同的自身。

农业自然资源运动的综合性，指的是农业自然资源总是相互地联系着，并总是以综合的方式运动着，以综合的方式作用于农业的特性。一是每一种农业自然资源的运动、变化总是以其他若干种农业自然资源的运动、变化为条件。作物产量的增加往往以作物品种的更新和土壤肥力的提高为条件。

二是每一种农业自然资源的运动、变化总会引起其他若干种农业自然资源的运动、变化。气温对菠萝的生长发育影响很大。24～27℃时，菠萝发育良好；14℃，生长还正常；10～14℃时，生长缓慢；在 10℃以下，生长即趋于停止。

三是农业自然资源总是以综合的方式对农业发生作用。土壤是作物的生存之本，但土壤在供作物生长发育的过程中，必须提供适宜的温、光、水、气、热的气候条件来配合，才能实现作物健康生长发育的目的。热带地区大多数土壤都适宜甘蔗生长，但在甘蔗苗期，要求气温 25℃，植沟苗床湿润，并于抽出 3～4 片真叶时亩施尿素 4～5 千克。只有这样，蔗苗才能健康成长。

基于此，开发利用农业自然资源，就要在充分考虑农业自然资源运动的综合性的基础上，考虑农业自然资源运动的独立性，即在总体上考虑各种农业资源的综合优势的利用，在个体上考虑个别农业自然资源的个别优势的利用。例如菠萝，是热带水果，具有热带生态适应性，因此，在发展菠萝上，就应该考虑在热带地区发展，以便充分地利用热带地区的农业自然资源。但是，菠萝又是一种喜偏酸土壤的热带水果，因此，在发展菠萝上，又应该考虑在热带地区的偏酸土壤地区发展，只有这样，菠萝才能健康生长。在雷州半岛，菠萝种在东部的偏酸砖红壤上就很适宜，种在西部的偏碱土壤上就不适宜了。

三、自然性与人为性

农业自然资源运动的自然性，指的是农业自然资源依据其本身固有的自然规律存在、运动和发展，并与农业自然资源内部各组成要素以及农业自然资源外部各种要素协调、和谐存在、运动和发展的特性。

农业自然资源运动的自然性首先表现在其运动之规律是在漫长的自然进化历史中形成、产生和发展的。上面提到的气候之一年四季运动之规律是这样，二十四节气之变化规律是这样，土壤的水平地带规律、相性规律和垂直地带规律同样是这样。

农业自然资源运动的自然性还表现在其内、外部各组成要素的协调、和谐存在、运动和发展也是在漫长的自然进化历史中形成、产生和发展的。木菠萝是典型的热带水果，表现出很强的典型热带生态适应性，即在热带地区种植就能健康地生长发育，生根、发芽、伸茎、分枝、发叶、开花、挂果，即使在南亚热带地区种植，则仅开花，不挂果。

农业自然资源运动的人为性，指的是农业自然资源总是通过人类的开发利用，朝着有利于人类、特别是为人类生产、提供不断满足人类日益增长的农产品需求的方向存在、运动和发展的特性。

无疑，农业自然资源运动绝对离不开人类的活动，离不开人类的影响。离开了，就不是农业自然资源，就不是农业自然资源运动。土地不耕作成不了耕地，光、温、水、气、热不用来发展农业生产成不了农业气候因子，水不用来灌溉农作物成不了农业用水，植物不栽培驯化成不了农作物。而土地的耕作，光、温、水、气、热用来发展农业生产，水用来灌溉农作物，植物的栽培驯化都是人类的活动形式，都是人类的农业活动形式。因此，农业自然资源运动绝对是人为的。

人类对农业自然资源运动的影响，总是以利于人类的本身为目的。具体表现在，用尽可能少的农业自然资源，生产尽可能多、尽可能好的农产品，以满足人类日益增长的农产品需求。人们利用土壤，是为了栽植农作物；利用气候，是为了为所栽植的农业植物和所养殖的农业动物提供充足、适宜的温、光、水、气、热；利用水，是为了为农业动植物提供充足、安全的水分；利用农业动植物，是为了通过农业动植物的生理机能的作用，利用土壤、气候和水等农业自然资源，生产农产品。这是一般来说的，具体的农业实践更是这样。在农业区划中，人们就是根据农业自然资源的区域分异规律，对一定地区的农业自然资源进行分区划片，并根据相应农业区的农业自然资源之特点，发展相应的农业生产，以达到扬长避短，充分利用农业自然资源，生产尽可能多、尽可能好的农产品。20 世纪 80 年代以来，我国就将全国划分为 10 个一级农业区和 38 个二级农业区，并组织相应的农业生产。

人类对农业自然资源运动的影响，又总是必须遵循农业自然资源运动的自然规律。上面提到的农业区划就是人类遵循农业自然资源运动的自然规律——区域分异规律，影响农业自然资源运动的一个很好例证。当然，这样的例证很多。可以说，正是由于这样的事实很多，才使农业总的来说能够健康发展，能使人类通过对农业自然资源的开发利用获得人类的进步，获得人类的不断进步。在对农业自然资源运动的影响中，人类也有做出不遵循农业自然资源运动的自然规律的事情。如我国在 20 世纪 60—70 年代的“以粮为纲”，不但利用适宜的水田来种稻，而且也利用不适宜的坡地来种稻，结果不但水稻长得不好，产量低，而且投入高，产出低，得不偿失。

又如有的地区盲目开垦荒地，造成水土流失，致使后来又不得不退耕还林、还牧。据统计，仅到 1990 年，我国水土流失面积 150 万平方千米，需要逐步退耕还林、还牧的约 1 亿亩。

鉴于此，在开发利用农业自然资源中，就应该以人为本，朝着有利于人类的方向，遵循农业自然资源运动的自然规律，开发和保护并举，既使农业自然资源的优势得以充分发挥，又使农业自然资源的生产能力得以维持并日益增强，生产出不断满足人类日益增长的农产品需求。在生产实践上，增施有机肥和利用稻秆还田等措施就是实现农业自然资源开发和保护有机统一的具体的、有效的做法。

第二节　农业自然资源与农业旅游的关系

从农业旅游的角度来说，研究农业自然资源的目的在于以旅游的方式来开发农业自然资源。因此，必须揭示农业自然资源与农业旅游的关系。

一、农业自然资源与农业旅游是存在和利用的关系

上面提到，农业自然资源指的是土壤、气候、水和生物等自然资源。这些农业自然资源是一种客观存在。它们一些以自然的方式存在，如农业后备资源。这时的农业自然资源与天然存在和发展着的自然资源并没有什么根本的区别，唯一的不同是已被人类所认识，认识其面积、分布、种类、适宜性和可采取的开发、利用措施。资料显示，我国农业后备资源有近 20 亿亩，其中可用于种植粮食、棉花等农作物的约 2 亿亩。当然，更多的以农化的方式存在，都是经过农业开发、利用的，如耕地。在土壤资源农化中，或在土壤资源的农业开发、利用中，经过种植农作物成为耕地，经过种植以采集果、叶为主的集约经营的多年生木本和草本作物成为园地，经过种植乔木、竹类、灌木、沿海红树林等树木成为林地，经过用于畜牧业的生长草本植物的土地成为牧草地。这些土壤资源分

别以耕地、园地、林地和牧草地的方式存在。我国耕地面积 19 亿亩、园地 0.5 亿亩、林地 18.3 亿亩、牧草地 40.2 亿亩。

相对于农业自然资源的存在来说，农业旅游是对农业自然资源的利用，是对存在着的农业自然资源的利用，是对存在着的农业自然资源的旅游方式利用。就像农业自然资源的存在有两种方式一样，农业旅游的利用也有两种方式：一种是自然的方式，一种是美化的方式。不过，农业旅游的自然利用方式，并不仅仅限于对自然方式存在着的农业自然资源的利用，如不仅仅限于对农业后备资源的利用，不仅仅限于利用辽阔而近于原始的农业后备资源的广阔性、原始性、生态性、自然性来实现审美、旅游；还包括对审美潜意识开发、利用农业资源，如对审美潜意识建设的稻田的利用。至于美化方式，则是指在审美意识指导下对农业资源的利用，如田园景观营造，具体如北京绿维创景规划设计院在蓝调庄园项目中所设计的由作物构图形成的大地艺术景观“I love you”，就是美化方式利用的结果。的确，这一景观美观，赋予“爱的伊甸园”“爱的表达”和“爱的艺术”等文化内涵，可观光，可品读，可旅游。

二、农业自然资源与农业旅游是客体和对象的关系

土壤、气候、水和生物等农业自然资源既是一种客观存在，也是一种审美客体。众所周知，美是到处存在的，问题不在于是否存在美，而在于是否发现美。可见，一切农业自然资源的一切地方都存在着美，农业自然资源就是审美的客体。的确，是这样。作物的叶序，或对生，或互生，或簇生，是一种秩序美；作物的植株，根、茎、叶、花、果协调一致，是一种和谐美；田园的组合，田块、田埂、沟渠、道路、林带、房屋、机井、水池、管道和作物合理组合，是一种园艺美；即使是土壤中的土粒，团粒结构，球体一般，以最美的立体——球体——存在着。

基于此，农业旅游对农业自然资源的开发、利用，就是将农业自然资源这一审美客体变成审美对象。显然，这一行为及其过程包

含四层含义：一是农业资源的审美存在；二是农业资源的审美缺憾；三是农业资源的审美形式；四是农业资源的审美实现。就拿作物的叶序来说，认识到作物叶序或对生、或互生、或簇生是一种秩序，是一种秩序美，就是认识到作物叶序的审美存在，就是认识到农业自然资源的审美存在；认识到或对生、或互生、或簇生的作物叶序的不足，或美的不足，就是认识到作物叶序的审美缺憾，就是认识到农业自然资源的审美缺憾。一句话，这就是作物叶序由审美客体变成审美对象的过程，也就是农业自然资源由审美客体变成审美对象的过程。

三、农业自然资源与农业旅游是自然和人为的关系

土壤、气候、水和生物等农业自然资源是一种客观存在，更是一种客观的自然存在、自然物体，以创化的方式、人化的方式、生态的方式存在和表现。赤土是一种土壤，是一种耕地，存在于热带地区，由砖红壤通过耕作而形成，由在热带水、热条件作用下的玄武岩风化而成的砖红壤通过耕作而形成。在这里，玄武岩在热带水、热条件作用下风化形成砖红壤，是一种创化的过程；砖红壤通过耕作形成赤土，是一种人化的过程；玄武岩在热带地区的热带水、热条件下形成砖红壤，再通过耕作形成赤土，是一种生态的过程。赤土这一自然存在、自然物体，以创化的方式、人化的方式、生态的方式存在和表现于热带地区，存在和表现于热带玄武岩地区。

农业旅游则是一种人为，一种以人为本，根据人类的需求，以旅游的方式，对农业自然资源的开发、利用。农业资源从审美客体变成审美对象的过程，就是农业自然资源从自然变成人为的过程。对作为创化自然物体的农业自然资源来说，美的存在是自然创化的结果，只是一种客观、一种存在，而由审美客体变成审美对象，则是人的意识作用的结果。在人的意识作用下，它的美及美的形式、美的程度、美的价值被人们认识，成为符合人们审美的对象。作为作物及其品种演变之母的野生植物就是这样，它的叶序所存在和表现的秩

序美可使这一问题变得可触可摸。至于作为生态自然物体的农业自然资源，就不再论述了，其情形与作为创化自然物体和作为人化自然物体的农业自然资源基本相同，所不同的只是加上生态的要素。

以上仅是农业旅游意识层面的人为行为。其实，农业旅游更主要的人为行为，是在意识支配下对农业自然资源的旅游开发。农业自然资源的旅游开发，尽管形式多样，但焦点都是，通过人为的作用，使土壤、气候、水和生物等农业自然资源组合成一定的美的形式，具有相应的美的价值，从而成为可以引发人们审美情趣，愉悦人们审美心理，满足人们审美需求的审美对象、旅游对象。上面提到的大地艺术景观“I love you”就是这样。

四、农业自然资源与农业旅游是农业和旅游的关系

土壤、气候、水和生物是客观实在、客观存在，客观地存在于自然之中的实在之物，在未被人类开发、利用之前，以天然的方式存在于自然之中，成为天然土壤、天然气候、天然水和天然生物。随着人类的开发、利用，这些天然存在的实在之物逐渐发展成为相应的实在之物。土壤被用来建房造屋，成为居民点，成为建筑用地；气候（风）被用来发电，成为电力资源，成为电力气候（风）；水被用来生产工业品，成为工业资源，成为工业用水；生物被用来研究，成为研究对象，成为研究材料。如此等等。

农业旅游则是将农业自然资源，将发展农业生产的农业自然资源用作旅游，用来发展旅游经济，或者可以说，使其具有旅游的元素，具有吃、住、行、游、购、娱等旅游的元素。农家饭融入卫生、安全的元素，就成为可作旅游、可供游客饱腹、品尝的饭菜；农家宅融入清洁、卫生、安全、舒适的元素，就成为可作旅游、可供游客居住、享受的房屋；乡村道路、田园道路融入硬底、清洁、绿化、美化、情趣的元素，就成为可作旅游、可供游客行走的道路；乡村、田园融入景区、景点、景观、景物、文化的元素，就成为可作旅游、可供游客品读、游玩的地方；水果、蔬菜融入采摘的元素，产品、副品融入艺术的元素，就成为可作旅游、可供游客购

买、消费的物品；田园、作物融入文化、趣味的元素，就成为可作旅游、可供游客娱乐、消闲的对象。

五、农业自然资源与农业旅游是物质和精神的关系

土壤、气候、水和生物是农业自然资源，是客观存在，更是物质，是物质的存在方式，是物质以农业自然资源的存在方式。既然是物质，农业自然资源也具有一般物质之共性。具体表现在，具有实物形态，也就是具有一定的质量、一定的体积和不可叠加性。土壤有重量、有大小是显而易见，具有不可叠加性则随着这一概念的阐述也显而易见。所谓不可叠加性，指的是不同物质不能同时在同一空间叠加在一起。此处堆放了这堆土，就不能再堆放那堆土了，也不能再堆放砖块、石头等其他物质了。

农业旅游则是精神，是农业自然资源的精神化，是土壤、气候、水和生物等农业自然资源的精神化，以精神的形式存在和表现。首先，农业旅游将土壤、气候、水和生物等实物形态的农业自然资源生成非实物形态的农业审美产品，生成没有质量、没有体积和具有可叠加性但依附于实物形态的农业自然资源之上的服务产品，也就是精神产品——农业审美产品，具体就是美观的产品、健美的植株和美化的田园，就是多彩玉米、盆栽苹果和农业观光园。其次，则是以旅游方式，通过策划、营销等形式，将农业审美产品，将美观的产品、健美的植株和美化的田园，将多彩玉米、盆栽苹果和农业观光园推销给广大消费者，让他们认识、接受、消费农业审美产品，实现审美的满足、精神的满足，从而实现农业审美产品的价值，实现旅游经济的增长，实现农业旅游的发展。

第三节 农业旅游视角下的中国农业自然资源

上面的研究表明，农业自然资源与农业旅游存在着密切的关系。那么，农业旅游视角下的中国农业自然资源是一个怎么样的农

业自然资源？就是这里要研究的问题。

一、中国农业自然资源的辽阔性为农业旅游提供广阔的发展空间

我国疆域辽阔。全国有耕地面积19亿亩左右，林地面积18.3亿亩，草地面积40.2亿亩，内陆水域约4.0亿亩，海涂面积3 000万亩，15米以内浅海面积2.11亿亩，可供进一步开发利用的农、林、牧地面积约18.8亿亩、水产养殖淡水面积7 500万亩、浅海滩涂740万亩。

这无不表明，我国的农业自然资源是辽阔的，范围广，面积大，已经利用的是这样，尚未利用的也是这样，耕地资源是这样，林地、草地和水域资源也是这样。我国的农业自然资源可为农业旅游提供广阔的发展空间，即农业旅游可利用如此之辽阔的农业自然资源空间，农业旅游发展空间潜力是巨大的，平台也是巨大的，前景同样是巨大的。

二、中国农业自然资源的多样性为农业旅游提供丰富的发展资源

我国的农业自然资源是辽阔的，在自然力、生态力和人力的长期作用下，无不呈现出多样性，呈现出多样的地貌、多样的土壤、多样的气候、多样的水、多样的生物。

多样的地貌：我国地貌可分为山地、高原、丘陵、盆地、平原等类型，分别占全国土地面积的33%、26%、10%、19%和12%。

多样的土壤：我国土壤可分为红壤、棕壤、褐土、黑土、栗钙土、漠土、潮土（包括砂姜黑土）、灌淤土、水稻土、湿土（草甸、沼泽土）、盐碱土、岩性土和高山土等13个系列。每一系列又可分为若干个土壤类型，如红壤系列可分为砖红壤、燥红土、赤红壤、红壤、黄壤、黄棕壤、棕壤和暗棕壤等。

多样的气候：我国气候可分为热带、温带和寒带三大气候带，进一步可分为南热带、中热带、北热带、藏南亚热带、南亚热带、

中亚热带、北亚热带、南温带、中温带、北温带、干旱南温带、干旱中温带、高原温带、高原亚寒带和高原寒带等15个小气候带。

多样的水：我国的水有海洋水、陆地水，有湖泊水、江河水、流溪水、山塘水，有天然水、人工蓄水，有地表水、地下水。

多样的生物：全世界的植物约有50多万种，动物约150多万种。我国是生物种类较多的国家之一，仅农作物就有粮、棉、油、糖、麻、烟、茶、桑、果、菜、药等类型，畜禽就有猪、牛、羊、鸡、鹅、鸭等类型，水产品则有鱼、虾、蟹等类型。

多样的农业自然资源无不为农业旅游提供丰富的发展资源。如果说多样的农业自然资源的利用可使农业自然资源利用呈现多样化，而同种农业自然资源的不同利用方式也可使农业自然资源利用呈现多样化的话，那么，多样的农业自然资源的不同利用方式则可使农业自然资源利用呈现更加多样化。水田可以营造水稻景观，坡地可以营造甘蔗景观；热带地区坡地可以营造的是甘蔗景观，温带地区坡地可以营造的则是甜菜景观。苹果可以园栽，也可以盆栽；番茄树可以结出拳头一般大小的番茄，也可以挂出拇指一般大小的圣女果。如此等等。

三、中国农业自然资源的差异性为农业旅游提供特色的发展平台

我国农业自然资源是辽阔的、多样的，在不同的地理因素、地质因素、水文因素和气候因素等的影响下，无不呈现出地区的差异性。

地貌差异：我国从东南部到东北部到西北部分布着三大类型地貌，即东南部季风华南式地貌、东北部季风华夏式地貌和西北部内陆蒙新式地貌。

土壤差异：我国多样的土壤形成三大土壤区域，即分布着砖红壤、砖黄壤、赤红壤、赤黄壤、红壤、黄壤、黄棕壤、黄褐土、棕壤、褐土和暗棕壤等类型土壤的东部森林土壤区域，分布着黑钙土、栗钙土、棕钙土、灰漠土、棕漠土、黑垆土和灰钙土等类型土壤的西北草原荒漠土壤区域，分布着亚高山草甸土、高山草甸土、

亚高山草原土、高山草原土和高山漠土等类型土壤的青藏高山草甸、草原土壤区域。

气候差异：我国多样的气候也形成三个农业气候大区，即包括北温带、中温带、南温带、北亚热带、中亚热带、南亚热带、藏南亚热带、北热带、中热带和南热带等类型气候带的东部季风农业气候大区，包括干旱中温带和干旱南温带等类型气候带的西北干旱农业气候大区，包括高原寒带、高原亚寒带和高原温带等类型气候带的青藏高寒农业气候大区。

水差异：由于地形、地貌、水文、气象和地理位置的不同，我国多样的水形成十个不同的农业水利区，即东北山丘平原区、黄淮海山地平原区、内蒙古草原区、西北黄土高原区、江淮山丘平原区、川陕山丘盆地区、东南沿海区、云贵高原区、西北内陆区和青藏高原区。

生物差异：就我国划分的十个一级农业区来说，东北区以粮食、大豆、蚕桑等作物和天然用材林为主，内蒙古及长城沿线区以春小麦、玉米、高粱、谷子、莜麦、马铃薯等旱杂粮、胡麻等耐寒油料和牛、羊、马为主，黄淮海区以小麦、棉花、花生、芝麻、烤烟、苹果、梨、柿为主，黄土高原区以小麦、谷子、糜子等旱杂粮为主，长江中下游区以稻谷、油菜籽、茶叶、蚕桑、油茶籽、柑橘、油桐、杉木、毛竹和淡水水产品为主，西南区以粮食、油料、甘蔗、烟叶、茶叶、柑橘、蚕桑、药材等作物和油桐籽、生漆、乌桕籽等林特产品以及材林、经济林、畜产品为主，华南区以甘蔗、香蕉、菠萝、荔枝、龙眼、柑橙、橡胶、蚕桑等作物和农产品为主，甘新区以小麦和绵羊、山羊、牛、马为主，青藏区以牦牛、藏绵羊、藏山羊等牲畜和青稞、小麦、豌豆、马铃薯、油菜等作物为主，海洋水产区以包括几十种经济鱼类在内的 1 500 多种海洋鱼类和种类繁多的虾、蟹、贝、藻类等为主。

农业自然资源的差异性为农业旅游提供了相应特色的发展平台。因为差异就是不同，既意味着某一方面的无能或劣势，更意味着另一方面的有能和优势，而扬长避短，也就是某一方面的避开和另一方面的利用，自然会形成特色，甚至是不可取替的特色。无疑，作为人类，就应该是扬长避短，当然包括农业自然资源的旅游利用方式。热带地区可营造菠萝景观，发展以菠萝产业为主题的农业旅游；温带地区可营造苹果景观，发展以苹果产业为主题的农业旅游。因为菠萝属热带水果，苹果属温带水果。气候差异是这样，地貌差异、土壤差异、水差异和生物差异也是这样。

四、中国农业自然资源的自然性为农业旅游提供原创的发展素材

我国的农业自然资源也与一般的农业自然资源一样，具有自然性，是创化的自然物体、人化的自然物体和生态的自然物体。

自然是原创的素材。一张白纸，可以描绘最美最好的图画；一组文字，可以组合优美生动的文章；一堆木材，可以打造各种各样的家具；如此等等。具有自然性的农业自然资源就如同白纸一样，如同文字一样，如同木材一样，可以原创，可以成为原创的素材。

农业自然资源的自然性也无不意味着各种农业自然资源及其综合形式均可成为农业旅游原创的发展素材。土壤可以，气候可以，水也可以，生物也可以，土壤、气候、水和生物的综合体同样可以。就像上面提到的那样，土壤可以稳固农作物，并为农作物提供肥、水；气候可以为农作物的生长发育提供适宜的温、光、水、气、热；水可以为农作物的生长发育提供充足的水分；生物可生产出满足人类的营养需求、品尝需求和原料需求的农产品；肥沃的土壤、适宜的气候、充足的水源、优良的品种，则是高产优质高效农业的基础。

就这一点来说，最具典型意义、代表意义的是肥沃而多宜的土壤，如雷州半岛的砖红壤，土层深厚，土壤肥沃，宜耕性强，在热带气候的作用下，农作物适地而生，种豆得豆，种瓜得瓜，可以创造各种热带作物景观，甘蔗的、菠萝的、芒果的、木瓜的，当然，还可有其他热带作物。

五、中国农业自然资源的可塑性为农业旅游提供艺术的发展天地

农业自然资源不但具有自然性，而且具有可塑性。所谓可塑性，就是农业自然资源可以根据人们的需求，施以相应的改造，成为符合人们需求的农业自然资源。

农业自然资源的可塑性表现在四个方面：一是对象的可塑。即所有农业自然资源都可改造。土壤的掺沙改泥，改变土壤的沙泥比例，是改造；田园的林网营造，改变田间的小气候，是改造；降雨的人工储蓄，改变水源的存在方式，是改造；水稻的杂交利用，改变水稻的丰产性能，是改造。

二是形式的可塑。即将农业自然资源由此种存在方式变成彼种存在方式的改造。降雨的人工储蓄，将降雨由自然状态改变成人工储蓄状态，是存在方式的改造；田园的田面平整，将凸凹不平的田面改变成平整一致的田面，是存在方式的改造。

三是水平的可塑。即将农业自然资源的生产能力由低水平变成高水平的改造。土壤的掺沙改泥，将沙泥比例不适的土壤改变成沙泥比例适宜的土壤，是水平的改造；田园的综合开发，将综合生产能力较低的田园改变成综合生产能力较高的田园，是水平的改造。

四是创新的可塑。即将农业自然资源演变出新的农业自然资源的改造。水稻的杂交利用，培育出丰产性能较高的杂交水稻，是创新的改造；番茄的小化培育，培育出拇指一般大小的圣女果，是创新的改造。

农业自然资源的可塑性无不意味着其可为农业旅游提供艺术的发展天地。农业旅游与一般旅游一样，是吃、住、行、游、购、娱，更是审美的过程；或者可以说，审美贯穿于吃、住、行、游、购、娱的过程中。吃，是美味佳肴，更是地方小食；住，是豪华别墅，更是民俗住宅；行，是柏油马路，更是休闲小径；游，是都市楼宇，更是山水风光；购，是金银珠宝，更是地方特产；娱，是旋转风车，更是民族歌舞。这一切的确贯穿着审美，这一切都是审美

活动。

农业旅游的审美本质则无不促使农业自然资源的开发利用在可塑性的基础上朝着园艺化、艺术化、美学化的方向发展，使其成为农业旅游资源和对象。上面提到的大地艺术景观“I love you”，既是这一发展的个案和例证，更是这一发展的源头和动力。

第三章　农业旅游景观营造

农业旅游景观是农业旅游的对象。研究的焦点自然是农业自然资源的旅游景观化，也就是农业旅游景观的营造。

第一节　农业旅游景观的内涵

那么，什么是农业旅游景观？笔者认为，农业旅游景观指的是以农业动植物及其赖以生存和发展的土地、田园、水域和环境，乃至整个农村地区（包括整个农村地区的道路、城镇、集市、村庄、厂矿和自然环境等）为载体，以农业物质产品生产为内容，以农业审美产品生产为形式，可进行吃、住、行、游、购、娱等旅游活动的吸引物。具体包括如下内容：

一、农业旅游景观以农业动植物及农业环境为载体

农业旅游景观之载体不仅仅限于农业动植物，如水稻、甘蔗、花生、蔬菜、水果、树木、花卉、猪、牛、羊、鸡、鹅、鸭、鱼、虾和蟹等农业动植物，而且还包括其赖以生存和发展的土地、田园、水域和环境，包括整个农村地区的道路、城镇、集市、村庄、厂矿和自然环境等。湛江新八景之一——“菠萝的海”，位于中国菠萝第一镇——广东省徐闻县曲界镇，连片5万亩，分布在高低起伏的低丘地带上，尽管它的形成不是人们旅游开发的结果，但是，它的旅游开发却使其成为农业旅游景观。在“菠萝的海”中，农业

旅游景观就不仅仅限于菠萝果，也不仅仅限于菠萝树，还包括菠萝园、田园道路、田园房屋、田园设施、零星生长其间的树木、坐落其间的村庄和周围的植被等。或者可以说，正是这些的存在和组合，才形成“菠萝的海”这一农业旅游景观。

而其他载体形成的景观或旅游景观，则不是农业旅游景观，如城市的公园和北极的冰川。不错，城市的公园，特别是城市的园林，其载体主要也是土地，也是与农业旅游景观一样的土地，但是，其土地是各种园林植物如酸荔枝等赖以生存和发展的土地，而不是农业植物如白糖罂等赖以生存和发展的土地，即使这时的酸荔枝等各种园林植物换上白糖罂等农业植物，这时的白糖罂等农业植物也不再作为农业植物，而是作为一般的植物。

二、农业旅游景观以农业物质产品生产为内容

农业旅游景观往往以农业物质产品，特别是以稻谷、糖料、油料、蔬菜、水果、木材、猪、牛、羊、鸡、鹅、鸭、鱼、虾和蟹等农产品的生产来形成景观，并往往以农产品的高产优质来彰显景观的价值。高产优质品种的选育、栽培、种植体现了这一点，高产稳产田园的培育、耕作、建设也体现了这一点，田园道路的修建和农业机械的使用则似乎有点不好理解。田园道路的修建和农业机械的使用虽不像农作物一样，直接生产农产品，但是，却间接地通过人机出入的方便和田园的犁耙等作用于农作物，影响农产品的生产。因此，它们仍然体现了这一点。上面提到的“菠萝的海”就是这样。其虽然通过海洋一般的风光来形成景观，但是，更强调菠萝果的生产，更强调包括菠萝果在内的海洋一般的风光。在那里，也有田园道路，其蜿蜒曲折无不富有情趣，但是，也十分有利于人机出入，有利于菠萝生产物资和菠萝果的运载。

三、农业旅游景观以农业审美产品生产为形式

农业旅游景观往往通过农业审美产品的生产，形成足以引发人们审美情趣、愉悦人们审美心理和满足人们审美需求的美观的产

品、健美的植株和美化的田园，以及民俗化的村庄和生态化的自然这一表现形式。例如，都是种植西瓜，种植方形西瓜就能很好地体现这一点，种植圆形或椭圆形西瓜则不能很好地体现这一点；都是种植苹果，种植盆景苹果也能很好地体现这一点，种植园地苹果则不能很好地体现这一点；都是种植作物，种植园艺化作物同样能很好地体现这一点，种植大田化作物则同样不能很好地体现这一点。

四、农业旅游景观以吃、住、行、游、购、娱为目标

众所周知，吃、住、行、游、购、娱是旅游的六大要素，因此，作为农业旅游景观必须能进行吃、住、行、游、购、娱。也就是，农业旅游景观不但可满足游客的审美需求、品读需求，而且还可满足游客的吃、住、行、游、购、娱等方面的需求，不但有看的，而且还要有吃、住、行、游、购、娱的。一句话，是可以进行旅游的。如果说田园风光可满足的是审美需求、品读需求的话，那么，农家饭、农家宅、乡村道、小木船、农产品、民族舞等则可满足的是吃、住、行、游、购、娱等方面的要求。

值得强调的是，这里的吃、住、行、游、购、娱不是一般旅游的吃、住、行、游、购、娱，而是往往充满农趣的。

第二节　农业旅游景观的类型

农业的范围是广泛的，资源是丰富的，加上人工的打造，形成的农业旅游景观自然是千姿百态的。不过，可归纳为如下12类：

一、农产品景观

农产品景观，指的是农产品形成的农业旅游景观。

农产品景观有两种存在方式：一种存在于农作物之中，作为农作物的器官之一；一种以独立的方式，离开农作物，存在于农作物

之外，如篮子里、餐桌上、市场中等。例如，挂结于苹果树上的长字苹果，就存在于苹果树上，并作为苹果树的果实这一器官；采摘下来的长字苹果则以独立的方式，离开了苹果树，存在于苹果树之外，可放在篮子里，也可放在餐桌上，还可放在市场中。

农产品景观有两大类：一类是纯自然的，即农作物品种本身生长发育形成的；一类是人工的，即通过人工物理的、化学的或其他的方法处理而形成的。前者如圆形西瓜或椭圆形西瓜和普通苹果，后者如方形西瓜和长字苹果。

对收获后的农产品，也就是离开了农作物之后的农产品，进行人工摆设，可以形成各种图案，也就是各种景观，如正方形、长方形、圆形和正方体、长方体、圆锥体等。在海南岛和雷州半岛的公路两旁，常常摆设有椰子、木菠萝、菠萝、香蕉和木瓜等水果，其摆设十分讲究，一档成型，一排成景，的确很美，完全可以说是农产品景观，无不吸引着路过的客人，并令他们停车、驻足、欣赏、购买。

二、作物植株景观

作物植株景观，指的则是作物植株形成的农业旅游景观。

作物植株景观与农产品景观不同，只有一种存在方式，即存在于田园中。因为作物植株景观以作物植株为载体，而作物植株是生命体，每时每刻都在生长发育，营养在输送，物质在合成，细胞在分裂，根在伸，芽在抽，茎在拔，叶在长，花在开，果在结，但一旦离开田园，离开田园这一载体，离开田园土壤的固定及其水分、养分的供应，生长发育就停止或受抑制，生命也就走向死亡。大田里栽培的苹果和马铃薯形成的景观是作物植株景观，上面提到的盆景苹果和无土栽培马铃薯所形成的景观也是作物植株景观。

作物植株景观的营造可通过摆设，如将盆景苹果摆设成方形、长方形和圆形等各种平面图案，和梯形台阶体、弧形台阶体和圆锥体等各种立体图案，更主要的则是通过营造，如将叶色、花色、果色不同的作物或品种种植成各种文字和图案。

三、田园景观

所谓田园景观，就是田园形成的农业旅游景观。

与作物植株景观一样，田园只有一种存在方式，只存在于自然中。田园是耕作化的自然，只存在于自然中。

既然这样，田园景观只能通过营造来实现。在营造中必须注意如下两个层面：第一个层面，作物必须与田园中的田块、田埂、沟渠、道路、林带、机井、水池、棚架和电网等田园要素协调一致；第二个层面，田园必须与周围环境协调一致。关于第一个层面，其协调一致主要应体现在各田园要素的组合符合美学规律；关于第二个层面，其协调一致则除了应体现各田园要素的组合符合美学规律外，还应体现田园作物与周围植被在生态上的相一致，如在种植菠萝等热带作物的田园之四周，其植被应是蜈蚣草等热带植物。

四、自然景观

所谓自然景观，则是自然形成的农业旅游景观，可分为天然型自然景观和人文型自然景观。

天然型自然景观，指的是不经过人工改造而自然存在的自然景观。天然型自然景观完全是自然创化的结果，也就是自然资源在自然力、生态力长期作用下的结果。例如，位于美国卡特迈国家公园及保护区中的“万烟谷”，恢弘壮丽，安之若素，浑然天成，一如万年前的模样，处处透现原始的自然风光。

人文型自然景观，指的则是根据人们的审美需求，对大自然进行适当、必要的人工改造，使其成为符合人们审美需求的自然景观。人文型自然景观基本也是自然创化的结果，也就是自然资源在自然力和生态力长期作用下的结果。黄山、泰山和九寨沟等就是这样。黄山就以其四绝——奇松、怪石、云海、温泉令人惊叹。值得注意的是，尽管这些地方也往往建有石梯、座椅、亭子、停车场、小卖部和餐馆等，即也存在人为的行为，但与其自然的东西相比，这些人为的东西却几乎可以忽略不计。人文型自然景观的价值或美的价值也在于其的自然性、生态性、典型性和代表性，人为的作用或意义主要在于其自然性、生态性、典型性和代表性的凸现或更加凸现。就黄山来说，人为的作用或意义就是使其四绝——奇松、怪石、云海、温泉——由审美客体变成审美对象。

五、人文景观

人类生活和活动、特别是人类文化生活和活动形成的农业旅游景观，就是人文景观。

在广阔的乡村，在漫长的历史中，人们的生活和活动无不遗存着一大批具有历史价值、文化价值、审美价值、欣赏价值的东西，如寺庙、祠堂、古民居、名人遗迹、重大历史事件遗址和公园等。这些东西经过人们的打造，就会成为供人们旅游的景观——人文景观。一代伟人孙中山的故居位于中山市翠亨村，它是孙中山出生和曾经生活的地方，遗存着孙中山的生活痕迹，是人们旅游的理想目的地之一，也是典型的人文景观之一。

人文景观的价值或美的价值在于其的典型性和代表性。基于此，营造的作用或意义有二：一是使人文景观的典型性和代表性得以充分地表现；二是使人文景观得以极好地保护，而保护的原则是修旧如旧。

六、农舍景观

农舍形成的农业旅游景观，则是农舍景观。

在广阔的乡村，在漫长的历史中，人们无不自觉不自觉地根据当地的地理环境、气候条件、生活习惯和经济水平等条件，建起富有地区适应性、居住实用性、文化多元性和审美价值性的民俗化农舍。苗族地区的人们根据当地山多水多平地少的特点，依山傍水地建起了吊脚楼。内蒙古地区的人们则根据草原辽阔和游牧生活的特点，建起既利于收缩、转移，又利于防风、御寒的蒙古包。如此等等。这些民俗化的农舍都可作为农业旅游景观。

农舍景观的价值或美的价值以地区适应性和居住实用性为基础

和存在，以文化多元性和审美价值性为内核和表现。因此，营造的作用和意义在凸显和张扬文化多元性和审美价值性，揭示和阐述地区适应性和居住实用性。

七、村庄景观

由村庄形成的农业旅游景观，就是村庄景观。

在广阔的乡村，在漫长的历史中，人们同样根据当地的地理环境、气候条件、生活习惯和经济水平等条件，建起布局客观化、村道硬底化、住宅民俗化、庭院园林化、绿化地方化、村庄卫生化、古树名贵化、文化保护化的民俗化的村庄。这些村庄富有地方特色、民俗特色，往往寓现代理念于民俗文化之中。充满现代气息的华西村，打造 60 元门票的神话，演绎着乡村的现代化；传承传统文化的元阳哈尼族村庄，同样打造着旅游旺地的神话，演绎着乡村的自然化。这些村庄同样都可作为农业旅游景观。

营造村庄景观应分别朝着现代化和自然化的方向，建设客观化的布局、硬底化的村道、民俗化的住宅、园林化的庭院、地方化的绿化、卫生化的村庄、名贵化的古树、保护化的文化。

八、农业劳动工具景观

由农业劳动工具形成的农业旅游景观，则是农业劳动工具景观。

众所周知，劳动的进行、工具的使用使猿变成了人，使人区别于动物。更伴随着人类的发展，在长期的农业劳动中，人们创造了一系列与生产发展相适应的农业劳动工具，如锄头、镰刀、扁担和水桶等简单工具，喷雾器、风车、水车和手摇井等半机械工具，手扶拖拉机、耕地机和机井等机械工具，计算机、电子测肥器、电脑和网络等智能工具。在这些农业工具中，不少在造型上具有审美意义，在设计上具有技术意义，在信息上具有文化意义，从而可以审美、品读、体验。例如，土糖寮是土糖寮时代的甘蔗压汁制糖的场所，其展示的设备，不但具有榨蔗制糖的功能，而且是现代制糖设备设计原理的源泉。因此，通过它，可以了解土糖寮时代的甘蔗糖业，可以体验土糖寮的榨蔗制糖，可以追溯现代制糖设备榨蔗原理的源泉，可以品读甘蔗糖业的文化。

显然，农业劳动工具也有两种存在方式。具体表现在：一是可移动的农业劳动工具可存在于任何放置的地方。锄头、镰刀、扁担和水桶等农业劳动工具是可移动的，可放置在房屋内，也可放置在院子里，还可放置在田头上；二是不可移动的农业劳动工具只存在于其建设时所处的地方。机井、水池、电网和棚架等农业劳动工具则是不可移动的。

基于这一前提，农业劳动工具景观的营造应分类进行。对可移动的农业劳动工具主要作为保护利用和场景摆设。保护利用主要针对昔日的、特别是远久的农业劳动工具，如石刀、石锄、石斧等，其原则自然是修旧如旧。场景摆设则对任一可移动的农业劳动工具都适合。不过，值得注意三点：一是将同类型的农业劳动工具摆放在一起；二是按农业劳动工具生产的时间顺序排列，一般来说，由古到今排列，以反映发展历程；三是讲究空间布局，强调整体美。对不可移动的农业劳动工具则应区别对待：对原有的已建农业劳动工具着重于保护利用，修旧如旧，凸显价值；对眼下的新建农业劳动工具则着重于造型艺术，文化塑造，群体组合。

九、农民生活用具景观

农民生活用具景观，就是由农民生活用具形成的农业旅游景观。

就像农业劳动工具可以成为农业旅游景观一样，农民生活用具也可以成为农业旅游景观。农民生活用具可分为吃的用具、穿的用具、住的用具、行的用具和娱的用具。吃的用具如碗、筷和盆等；穿的用具如衣、裤和鞋等；住的用具如桌、椅和凳等；行的用具如牛车、单车和摩托车等；娱的用具如弹弓、陀螺和麻将等。

显然，农民生活用具景观几乎都是可以移动的。农民生活用具景观在营造上与可移动的农业劳动工具基本相同。

十、农业劳动景观

农业劳动景观，则是由农业劳动形成的农业旅游景观。

人体也是审美客体，也可成为审美对象。作为人体肢体运动之一的农业劳动也可彰显人体肢体运动美，也就是农业劳动美，如插秧、锄地和摘果等。人们插秧时，双脚叉开、弓背，“脸朝黄土，背朝天”，右手拿着秧，左手插着秧，一边插秧，一边后退，每插满前面的田地，就向后退一步，每后退一步，则用右脚拨平前面的田地。就这样，人们身体和四肢的密切配合、完美运动，实现了插秧的目的。

显然，农业劳动景观，是在农业劳动中自然形成的，其价值或美的价值主要在于发现。

十一、农民生活与活动景观

在农业旅游景观中，还有由农民生活与活动形成的景观——农民生活与活动景观。

农民的肢体运动可以形成农业劳动景观，也可以形成农民生活与活动景观。农民生活与活动的内容是丰富的、多样的，不过，可归纳为日常生活、社会活动、政治活动和民俗活动。日常生活就是吃、穿、住、行；社会活动主要是乡村事务活动，如乡村公益事业活动等；政治活动指的则是农村基层组织建设活动、选举活动等；民俗活动包括乡村的红事白事、节日庆典等活动。就此来说，最有审美意义的应该是少数民族的服饰、歌舞和生活习俗等。我国是一个多民族的国家，56 个民族有 56 个民族的生活与活动方式，并在“十里不同俗，百里不同风”的氛围中派生出一系列丰富多彩的生活与活动方式，形成一道道亮丽的农民生活与活动景观。

十二、乡村景观

在乡村，在田园，在农业观光园，在乡村旅游区，农业旅游景观往往以整个乡村的方式存在和表现，以包括田园、村庄和自然在内的整个乡村的方式存在和表现。这就是乡村景观。

在农业观光园，往往有荔枝、有龙眼，果实挂满枝头，一棵棵的荔枝树、龙眼树构成一块块荔枝园、龙眼园，一块块的荔枝园、龙眼园又构成一幅幅荔枝田园风光、龙眼田园风光，在荔枝田园、龙眼田园中，农民在提着篮子采摘荔枝、龙眼，从而构成园区景观。

关于乡村景观，主要在于两方面：一方面是发现和利用。即对自然形成的乡村景观和对人们在潜意识支配下建成的乡村景观应善于发现和利用。如哈尼梯田就是哈尼族人在长期的生活和生产中逐渐建设起来的，能够将生产性、生态性和审美性极好地统一。经人们的发现和利用，现已成为旅游景区。另一方面是建设。即根据人们的审美需求和旅游需求，对乡村进行建设。如各种各样的农业观光园就是这样。

第三节 农业旅游景观的特征

任何事物都有其特征，并借其特征而得以存在、表现和发展，农业旅游景观也不例外。其特征如下：

一、田园性

所谓田园性，就是农业旅游景观以田园作为存在和表现的载体的特征。

农业旅游景观主要是通过农作物来形成的，而农作物的生长发育离不开田园，需要田园的固定，需要田园提供养分、水分，因此，农业旅游景观必须以田园作为存在和表现的载体。不过，这里的田园是广义的，包括种稻的水田、植蔗的坡地、栽菜的园地、营林的林地、牧羊的草地、养鱼的水域，包括一切已经利用、准备利用来从事农业的土地，甚至包括整个农村地区（包括农村地区的道路、城镇、集市、村庄、厂矿、水域和自然环境等）。

二、农业性

所谓农业性，则是农业旅游景观以生产农产品作为存在和表现的形式的特征。

这里的农产品如上面所述，包括籽粒、果实、叶片、茎秆、块根、花朵、畜禽产品和水产品等八大类，即是可满足人类对淀粉、脂肪、蛋白质等营养需求，甜、酸、苦、辣等味道品尝需求和糖料、油料、木料等原料需求的农产品。作为农业旅游景观，到了收获季节，若不是硕果累累，那么，这样的景观是不会给人以美的感受的，美的起源“羊大为美”讲的就是这一道理。

农业旅游景观的农业性通过园林景观和盆景景观的论述则可进一步凸现，在园林景观和盆景景观中往往也通过种植农作物相似的植物来形成，如酸荔枝。酸荔枝虽然也开花挂果，但由于缺少品尝性而往往不为人们品尝，即这时的酸荔枝并不是为生产荔枝而栽植，而是纯粹作为景观而栽植。园林景观和盆景景观都没有农业性。同样，城市景观、山水景观等其他景观更是这样，即其他任何景观都没有农业性。

三、季节性

季节性，指的是农业旅游景观的产生、形成和发展具有季节规律的特征。

农业生产是自然再生产和经济再生产的过程，无不受到自然资源运动规律的制约和作用，受到春、夏、秋、冬四季和二十四节气等自然资源运动规律的制约和作用，从而表现出季节性。

显然，园林景观、盆景景观和山水景观等也有季节性，因为这些景观的主要构成物之一——植物也无不受到气候的影响，并随着气候的变化而变化。事实上，有的园林就设计有表现季节变化的植物景观。游客通过这些景观的观赏，就能认识季节的变化。尽管这样，园林景观、盆景景观和山水景观等的季节性也没有农业旅游景观这么明显。

那些不由或几乎不由植物构成的景观，如城市景观等，就几乎没有季节性。

四、地区性

地区性，指的是农业旅游景观的产生、形成和发展具有地区规律的特征。

自然资源的运动规律不但表现出季节性，而且表现出地区性，如气候从南到北形成热带、亚热带、温带和寒带，土壤从南到北形成砖红壤、红壤、黄壤、棕壤和暗棕壤。在自然资源区域规律的制约和作用下，农业生产自然表现出地区性。都是制糖原料，甘蔗适宜于热带、亚热带地区种植，甜菜则适宜于温带地区种植，即甘蔗旅游景观只能在热带、亚热带地区营造，甜菜旅游景观则只能在温带地区营造。

受自然资源运动规律支配和影响的园林景观、盆景景观和山水景观也具有地区性。其实这是很容易理解的，甘蔗和甜菜既是作物，也是植物，当其作为植物时，作为构成园林景观、盆景景观和山水景观的要素的时候，其地区性就以植物的形式表现出来，从而使园林景观、盆景景观和山水景观具有地区性。无疑，其地区性的程度完全取决于甘蔗和甜菜等植物在景观构成中所占的份额。

不受或少受自然资源运动规律支配的那些景观，如城市景观，就没有地区性。

五、审美性

农业旅游景观具有能够引发人们的审美情趣、愉悦人们的审美心理、满足人们审美需求的特征，就是农业旅游景观的审美性。

审美是旅游的主要内容和形式，因此，作为农业旅游景观应该具有审美性。不过，农业旅游景观的审美性应该在具有农业性的基础上实现。就玉米来说，多彩玉米和传统玉米都具有农业性，但多彩玉米比传统玉米具有审美性；就苹果来说，盆景苹果和大田苹果都具有农业性，但盆景苹果比大田苹果具有审美性；就田园来说，农业观光园和一般田园都具有农业性，但农业观光园比一般田园具有审美性。营造农业旅游景观，就应该选种多彩玉米，制作盆景苹果，建设农业观光园。

审美性在一般的田园中往往是不具有的，或者可以说，这是农业旅游景观与一般田园的最大区别。在一般的田园中，生产的往往是传统玉米，而不是多彩玉米；种植的往往是大田苹果，而不是盆景苹果；建设的往往是一般田园，而不是农业观光园。

审美性在其他景观中往往是具有的，这是农业旅游景观与其他景观的共同之处。园林景观、盆景景观、山水景观和城市景观等都具有审美性，都应具有审美性。

六、旅游性

农业旅游景观具有能够进行旅游活动的特征，则是农业旅游景观的旅游性。

众所周知，吃、住、行、游、购、娱是旅游的“六要素”，因此，作为农业旅游景观也应该具有旅游的“六要素”，也就是应该具有旅游性。当然，作为农业旅游景观，不可能、也不必要个个都同时具有旅游的“六要素”，但却应该至少具有旅游“六要素”中的“一要素”，也就是要具有旅游性。农产品营养丰富、品质优良、安全卫生、口感适宜、外观美观，“吃”的要素就体现了；农舍民俗风格、造型别致、卫生舒适，“住”的要素则体现了；乡村道路和田园道路硬底清洁、休闲情趣、人机均宜，“行”的要素就表现了；作物植株青枝绿叶、硕果累累、株型讲究、构图美观，“游”的要素则表现了；果实自采自摘、可购可带、公平交易，“购”的要素就凸现了；果实成“工艺品”，植株成“猪牛羊”，田园成“菜迷宫”，“娱”的要素则呈现了。

一切景观都可欣赏，但不一定可旅游，要可旅游，必须具备“吃、住、行、游、购、娱”六要素。其实，这是很容易理解的。假设有一座孤岛，很美，但却远离大陆，上面既没有吃的，也没有住的，能旅游吗？回答显然是否定的。这就是旅游景观、也就是农业旅游景观与一般景观或非旅游景观的区别。

仅仅具备“吃、住、行、游、购、娱”“六要素”，也未必可旅游。这在第一章中已做论述，在此不再重复。

第四节　农业旅游景观的营造

农业旅游景观是农业旅游的对象，更是农业旅游的关键。要开展农业旅游，必须营造农业旅游景观；要营造好农业旅游景观，必须遵循农业旅游景观营造的原则，并采取相应的营造方法。

一、农业旅游景观的营造原则

农业旅游景观的营造原则就是坚持如下四个统一：

（一）生命性与非生命性的统一

农业旅游景观以农业动植物及其赖以生存和发展的土地、田园、水域和自然环境，乃至整个农村地区（包括整个农村地区的道路、城镇、集市、村庄、厂矿和自然环境等）为载体，可见，农业旅游景观既有生命要素，也有非生命要素。显然，农业动植物和自然环境中的植物、动物属生命要素，土地、田园、水域、道路、城镇、集市、村庄和厂矿等属非生命要素。因此，营造农业旅游景观，必须坚持生命性与非生命性相统一。

坚持生命性与非生命性相统一，必须做到：一是以生命性为主。即在营造农业旅游景观中，应以农业动植物和自然环境中的植物、动物等生命要素为主，特别是以农业动植物为主，景观主要由它们形成，特色主要由它们凸显。北京昌平苹果主题公园就体现了这一点，突出了苹果，体现了苹果。

二是非生命性服从生命性。即在营造农业旅游景观中，土地、田园、水域、道路、城镇、集市、村庄和厂矿等非生命要素必须围绕农业动植物和自然环境中的植物、动物等生命要素、特别是农业动植物这一生命要素来存在和表现，服务并有利于生命要素。如将田园建成高产稳产田园，将道路建成有利于人机出入，将厂矿建成环保厂矿，等等，则体现了这一点。

三是生命要素与非生命要素和谐统一。即在营造农业旅游景观中，农业动植物和自然中的植物、动物等生命要素和土地、田园、水域、道路、城镇、集市、村庄和厂矿等非生命要素不但要各自成型，具有美感，而且要和谐统一，形成美丽的景观。例如，在甘蔗旅游景观的营造中，对蔗田中的田园房屋和机井房屋，有机地融入抽象化、艺术化的甘蔗文化符号，就能使它们与甘蔗和谐地统一起来，并通过它们使甘蔗旅游景观得以提升，变得更美。

（二）生产性与非生产性的统一

营造农业旅游景观的过程，既是发展农业生产的过程，也不完全是发展农业生产的过程。如果说种稻、植蔗、栽菜、造林、牧羊和养鱼等是发展农业生产的过程，开荒、办田、打井、建渠、修路和拉电等也是发展农业生产的过程的话，那么，立石、修庙和建房等就不是发展农业生产的过程。即在营造农业旅游景观中，既有生产的，也有非生产的。因此，营造农业旅游景观，也必须坚持生产性和非生产性的统一。

坚持生产性和非生产性的统一，则必须做到：一是以生产性为主。即在营造农业旅游景观中，以发展农业生产为主，也就是以种稻、植蔗、栽菜、造林、牧羊和养鱼等，以及开荒、办田、打井、建渠、修路和拉电等为主，所营造的景观主要应是这些农业生产所形成的景观，非农业生产所形成的景观应居于次要的地位，具体表现在：主景应该是这些农业生产形成的；这些农业生产形成的景观应占相对较大的份额，甚至占绝对大的份额。上面提到的北京昌平苹果主题公园就以苹果及苹果生产所需的设施为主，或者可以说，体现了以生产性为主这一点。

二是以非生产性为辅。即在营造农业旅游景观中，在坚持生产性为主的前提下，在种稻、植蔗、栽菜、造林、牧羊和养鱼等，以及开荒、办田、打井、建渠、修路和拉电等的同时，还以非生产性要素作为补充，作为延伸，作为配合，构成完善的、丰富的、多样的农业旅游景观，也就是立石、修庙和建房等。北京昌平苹果主题公园的正门前就立有雕刻“北京昌平苹果主题公园”字样的石头。

三是生产要素与非生产要素和谐统一。这一点与上面的生命要素与非生命要素和谐统一基本相同，故在此不再展开论述。

（三）主题性与多样性的统一

农业旅游景观必须有特色，才有吸引力和生命力，才能在农业旅游逐渐走向普及的情况下获得和保持强劲的竞争力和旺盛的发展力。什么是特色？特色就是人无我有、人有我优，就是与其他农业旅游景观不同。怎样创造特色？创造特色的理想途径就是以当地最具典型性、代表性的文化作为景观的主题。典型性、代表性的文化可以是产业文化、特产文化、生态文化、建筑文化、历史文化、名人文化和民俗文化。如菠萝文化就是广东省徐闻县最具典型性、代表性的产业文化，开平雕楼则是广东省开平市最具典型性、代表性的建筑文化。显然，在营造农业旅游景观中，以这些文化作为主题，就有特色，就具有不可取代性。关于此，笔者提出了一种新的模式——美学农业园区建设模式，即：一种以农村中一定区域范围内的田园、村庄和自然景观为载体，以田园景观化、村庄民俗化和自然生态化为目标，以农业为根本，以文化为内涵，以审美为表象，以科技为支撑，既生产农业物质产品，又生产农业审美产品，促进物质文明和精神文明共同发展的园区。这应该是一种理想的模式，适合营造农业旅游景观借鉴。

至于多样性，就是围绕所选定的主题，营造系列性的景点、景观。例如，若建设的是菠萝美学农业园区，就以菠萝文化为主题，将具有代表性、典型性的菠萝文化，设计成为抽象化、艺术化的菠萝文化符号，有机地、恰当地融入菠萝美学农业园区的所有项目或主要项目中，包括园区布局、菠萝园、道路、房屋、雕像、加工品、餐具和纪念品等之中，这样，多样性就体现出来，菠萝美学农业园区的审美情趣就会在主题性与多样性的统一中得以表现和升华。

（四）农业性与旅游性的统一

营造农业旅游景观，是为了旅游，为游客营造吸引物，但又不仅仅为了旅游，而且为了农业，为了农业生产，为了生产农产品，甚至可以说，通过农业，通过农业生产，通过农产品生产，形成吸引物，形成景观，因此，营造农业旅游景观还必须坚持农业性与旅游性相统一。

坚持农业性与旅游性相统一，关键在于坚持农业旅游景观生产农产品，并往往通过农产品的高产优质来彰显景观美。盆景苹果就是这样，它是一种盆景，一种可以欣赏的盆景，一种可以像其他盆景一样欣赏的盆景，但它又是一种生产苹果的栽培方式，一种利用花盆来种植苹果的栽培方式，每株可结果15～25个，并且都是营养丰富、品质优良、安全卫生、口感适宜和外观美观的苹果。

坚持农业性与旅游性相统一，其次在于坚持旅游服从农业，即所营造的农业旅游景观都必须以满足农业的需要为前提，如田园道路建成硬底、清洁、休闲是旅游的要求，但必须利于人机出入，这是农业的要求。

坚持农业性与旅游性相统一，最后在于坚持农业旅游景观的旅游化，即农业旅游景观必须同时具备“吃、住、行、游、购、娱”等要素，因为这是旅游的基本要素、也是基本要求。

二、农业旅游景观的营造方法

如果说原则是方向的话，那么，方法就是途径。农业旅游景观应采取的营造方法如下：

（一）场地的选择

农业旅游景观总是以一定的载体而存在，而载体又往往以园区的形式而存在。这样，就存在园区的建设问题，就存在园区场地的选择问题。

人们只有满足温饱需求、物质需求之后，才会追求审美需求、精神需求，才会去旅游。从宏观角度来说，农业旅游园区场地应选择在经济比较发达的地区。因为这些地区的人们生活水平较高，自然追求审美享受、精神享受，追求旅游生活，具有建设农业旅游园区的主动性或潜在要求。同时，这些地区的经济条件较好，具有建设农业旅游园区的经济能力。珠江三角洲地区、长江三角洲地区经济比较发达，农业旅游园区场地就应该选择在这些地区。事实上，这些地区的休闲农业比较发达。2004年和2005年，国家旅游局共评选出农业旅游示范点359处，其中经济较发达的东部地区占49.2%；经济一般的中部地区占32.1%；经济欠发达的西部地区占18.7%。

从微观角度来说，农业旅游园区场地则应选择如下地点：

一是城市的近郊。城市、特别是大城市的市民总体来说生活水平和文化素质都比较高，加上农业旅游主要是面对城市居民的。再者，农业旅游园区邻近城市，方便市民来休闲、观光、体验、旅游、度假、养生。一般来说，以1小时车程以内的距离为宜。北京市农业技术推广站设计、建造的三个蔬菜迷宫——智能型趣味迷宫、休闲型趣味迷宫和科普型迷宫就分别位于北京的郊区丰台区南宫世界地热博览园、大兴区自然绿种植中心、顺义区农科所试验基地。

二是景区的周边。景区不但人流多，而且这些人流大多都是为旅游而来的旅客。无疑，作为游客总想多一些“吃、住、行、游、购、娱”。这样，在景区的周边营造农业旅游园区，就能为游客实现在同一地区、同一时间多一些“吃、住、行、游、购、娱”提供可能；或者也可以说，将农业旅游园区建在景区的周边，客源问题容易解决。北京昌平苹果主题公园就建在著名旅游景区十三陵水库北岸，并已成为十三陵景区内的现代园林明珠。

三是民俗的村庄。农业旅游既是农业景观的观赏，也是民俗文化的品读。因此，民俗文化浓郁的村庄可以营造农业旅游景观。当然，这里的民俗文化是广泛的，包括建筑、服装、语言、歌舞、节庆、宗教、风俗、饮食和生活等。丽江玉水寨是国家AAAA级旅游景区，就是东巴文化传承基地和白沙乐传承基地。

四是基地的所在。这里的基地指的是农作物、树木的种植基地和畜禽、水产品的养殖基地。一般来说，农业生产基地既具有生态适应性，又具有一定的规模，因此，以基地为载体来营造农业旅游园区既适合，又有基础，还有衬托；既容易，又有效。当然，营造的农业旅游园区所选择的农作物、树木或畜禽、水产品应与基地相一致。御瓜园是集文化展示、科技示范、观光采摘、生产配送于一体的西瓜主题公园，就建在“中国西瓜之乡”——北京市大兴区庞各庄镇。

五是资源的处所。农业资源包括土壤、气候、水和生物等。这些资源有不少是可以开发成旅游园区的，特别是生物资源，因此，可将这些资源开发成农业旅游园区。呀诺达雨林文化旅游区就是这样。它位于三亚市郊35千米处，面积45平方千米，周边是123平方千米的生态恢复保护区，拥有百年古藤、千年古蕨、巨型仙草灵芝、“冷血杀手”见血封喉以及热带雨林，是中国唯一地处北纬18°的热带雨林，是海南岛五大热带雨林精品的浓缩，堪称中国钻石级雨林景区。

（二）主题的确定

这里的主题指的是文化主题，即以什么样或类型的文化来作为农业旅游园区的建设主题。一般来说，在农村，文化可分为产业文化、特产文化、生态文化、建筑文化、历史文化、名人文化和民俗文化等七大类型，即可以这七类文化作为主题。

那么，对某一具体的农业旅游园区来说，应选择哪一类文化作为主题呢？无疑，选择作为主题的文化应具有主导的地位。例如，在西瓜主产区建设农业旅游园区，就可以选择西瓜文化作为主题，或者可以说，建设西瓜文化为主题的农业旅游园区。上面提到的御瓜园就是这样，就是一个以西瓜文化为主题的农业旅游园区。

选择具有主导地位的文化来作为农业旅游园区的主题，主要基于如下几点：一是这一文化具有典型性、代表性，不但在当地是这样，而且在较大的范围，如全省、全国，也是这样；二是这一文化在当地深厚、浓郁，往往渗透到当地人们的生活中，不但能容易为当地人们所接受、所认可，而且通过文化建设提升人们的文化品位；三是用这样的文化为主题建设起来的农业旅游园区不但富有特色，而且具有不可替代性。上面提到的御瓜园就是这样，它位于

“中国西瓜之乡”，其西瓜文化自然在当地、在全国具有典型性、代表性，也自然渗透到当地人们的生活中，以西瓜文化为主题来建设，自然富有特色，而其他地方若以西瓜文化为主题来建设农业旅游园区则失去文化根基，自然效果不好。

作为主题的文化在农业旅游园区的表现应该这样：一是整个园区的文化应以主题文化为主导。在农业旅游园区中往往包含多种文化元素，但必须以主题文化为主导，其他文化只能处于补充、从属的地位，绝不能喧宾夺主。二是应该有主题文化标志性的物体。即应在农业旅游园区中建设一个主题文化标志。当然，这一标志的载体可多种多样，即可视具体情况来设计、建设。一般来说这一标志的载体以雕塑为佳。三是主题文化应该贯穿于所有功能区及其建设项目之中。在农业旅游园区，往往设置有若干个功能区，并建设有一批项目，这些功能区和项目都应表现主题文化。四是主题文化的表现应以符号的形式来表现。这里的符号指的是文化符号，就是主题文化的物化形式或文化形式，包括实物、图像和文字等。显然，在农业旅游园区中，用得较多而又比较理想的文化符号应是图案。五是符号的运用必须既有利于功能的发挥，又有利于美的彰显。例如，在机井房屋中融入抽象化、艺术化的文化符号，那么，这一文化符号的融入并不使机井房屋变成其他，变成其他不能安装机井或者影响机井正常运行的东西；同时，要使机井房屋不但变得更美，而且能与整个田园形成有机的统一体，成为主题文化的有机组成部分。上面提到的御瓜园尽管没有完全做到以上几方面，但已经有所体现。在布局设计上，以“御瓜”为中心文化，围绕悠久的西瓜文化栽培史和西瓜典故为主线，按照采摘路线、科技展示和西瓜的自然生长形态特征进行；在产品创意上，开发了玻璃艺术西瓜、大兴瓜神十字绣、福娃西瓜、十二生肖西瓜、金猪西瓜和水晶西瓜等新产品；在节庆活动中，推出以“体验西瓜历史，感受西瓜文化”为特色的“欢乐瓜乡休闲游”“相约大兴自驾游”和“城乡互动和谐游”等系列主题旅游活动；在文化科技上，开发出袋装栽培西瓜、箱式栽培西瓜、槽式栽培西瓜和造型西瓜等栽培技术和推广、应用了滴灌、微灌、水帘、地热采暖等新技术。

（三）园区的布局

农业旅游景观总是营造于农业旅游园区之中，并由若干个景观有机组合形成农业旅游园区，从而构成一个完整的景观。显然，要使园区之景观组合合理、科学，就必须对园区进行规划，使景观布局合理。农业旅游景观实际是田园的园林化，因此，可借鉴园林艺术来规划农业旅游园区的布局。

首先，在农业旅游园区中应该选择园林规划形式。应根据不同的田园，选择不同的园林规划形式。对地势较平、面积较大、田块形状、大小较统一的田园，宜选择规划式园林规划形式；对地势不平、面积较小、田块形状、大小不一的田园，则宜选择自然式园林规划形式。规划式园林又称整形式、建筑式、图案式和几何式园林，其主要特征是：①地表是平直线，在山地或者丘陵地区，由阶梯或斜坡平级组成，其剖面为直线；②水体的外形轮廓为几何形，驳岸为整齐式；③个体建筑和建筑群均采用中轴对称均衡设计，以主、次建筑群形成的主、副轴系统控制全园；④空旷场地和广场外轮廓均为几何形，道路由直线、折线或几何曲线组成；⑤花卉布置以图案为主题，树木配植以行列式、对称式并运用大量绿篱绿墙以区别和组织空间，树木修剪以模拟亭、塔、柱、门等建筑以及熊、虎、狗、羊、鸡、鱼等动物造型。

自然式园林又称不规则式、风景式、山水园林，其主要特征是：①平原地带形成和缓的曲线，山地和丘陵地利用自然地形地貌；②水体的外形轮廓为自然的曲线，驳岸为自然山石；③个体建筑为中轴对称均衡设计，建筑群则采用不对称均衡布局；④空旷地和广场的外形轮廓为自然形，道路平面和剖面为自然的起伏曲折的平曲线和竖曲线组成；⑤花卉布置以花丛花群为主，树木配植以孤立的个体树、树丛、树林为主，树木形态不作建筑和动物模拟，保持自然。

不过，在具体应用上，无论是规划式，还是自然式，都应注意如下几个问题：一是田园表面应平整，但地势可起伏；二是渠道应成线状，最好成直线，但水池可成几何形，或统一形状，或不统一形状，但应交替反复出现；三是田园房屋和生产设施均宜采用中轴对称均衡设计，但控制全园的不应是它们，而应是道路系统、林带系统和沟渠系统；四是林带的主林应保持自然，副林则可模拟建筑或动物修剪成型，农作物的修剪只求统一，切不可模拟建筑或动物修剪成型。

其次，在农业旅游园区中应用园林动态序列布局。面积较大、长度较长、地形较复杂的田园宜采用三段式连续序列布局；面积较小、长度较短、地形较简单的田园宜采用二段式连续序列布局。三段式也好，二段式也好，都有规则式和自然式之分。田块较大、形状统一的田园宜采用规则式；田块大小、形状不一的田园宜采用自然式。三段式，即：序景、起景，发展、转折、高潮，转折、收缩、结景、尾景；二段式，即：序景、起景，发展、转折、高潮（结景）、尾景。规则式的特点是：景物沿着明显的中轴线展开，轴线两侧的配景，左右对称；自然式的特点是：景物沿着园林的自然式主干道、自然曲折的河流及水系展开。

在具体应用上，也都应注意如下几个问题：一是关于断续的应用。田块、林带、作物可采用断续的方法，但沟渠则不可采用断续的方法。二是关于起伏曲折的应用。农作物可采用起伏曲折的方法，即田块间种植高低不一的作物，并形成规律；林带中的副林也可采用起伏曲折的方法，但主林不宜采用此法。三是关于反复的应用。农作物也可采用反复的方法，即几种不同的作物、特别是色彩不同的作物交替反复出现；林带中的副林同样也可采用反复的方法，既可采用简单反复的方法，也可采用拟态反复的方法，还可采用交替反复的方法，但主林也不宜采用此法。四是关于空间的开合的应用。当田园中有较大面积的不宜耕作的荒地或山丘或水域的时候，可考虑应用空间的开合的方法，但在一般的情况下，则不宜采用此法。

台湾的农业旅游园区之一——清境农场透现着以上理念。它位于南投县仁爱乡，海拔 1 748 米，面积 700 公顷。其最大特点是六大步道系统和欧陆的建筑风格，也可以说，通过步道像珍珠项链般将各个景点串起来。六大步道是：翠湖步道、柳杉群林步道、柳杉步道、落日步道、步步高升步道和玛格丽特步道。大片的茶园和大量的欧陆风格的民宿、宾馆、游客中心等设施错落其间，堪称“台湾小瑞士”。

（四）景观的设计

上面提到，农业旅游园区总是由若干个景观组成。也显然，要营造农业旅游园区，还必须设计景观。上面还提到，农业旅游景观实际是田园的园林化，因此，也可借鉴园林艺术来设计农业旅游园区的景观。

首先，关于园林景观在农业旅游园区中的应用。一是关于主景与配景。其一是关于主体升高的应用。在点缀型田园景观、设施型田园景观和阶梯型田园景观的建设中，可采用主体升高的方法，即可在地势较高处种植点缀树木或建设田园房屋，作为核心之主景，把周围农作物作为衬托之配景；或把顺着阶梯逐渐升高的农作物作为核心之主景，把山脚下周围的环境作为衬托之配景。其二是关于轴线和风景视线焦点的应用。可在田园道路、特别是机耕路交点处，建一花坛或田园房屋，作为核心之主景，将周围农作物作为衬托之配景。其三是关于动势的应用。当田园中有较大面积的不宜农的荒地或山丘或水域的时候，可采用动势的方法，来处理主景与配景的关系。即在不宜农的荒地或山丘的向心动势集中处，种植点缀树木或建设田园房屋；或在水域的向心动势集中处建设田园房屋。其四是关于空间构图的重心的应用。在点缀型田园景观和设施型田园景观的建设中，则可采取空间构图的重心的方法，来处理主景与配景的关系。即在农作物形成的几何图案的中心，种植点缀树木、或建设田园房屋、或建设机井等生产设施，作为核心之主景，把农作物作为衬托之配景。

二是关于前景、中景、远景。当设计有前景、中景、远景时，也应以中景为重点，以前景和远景为衬托。

三是关于借景。农业旅游园区应以园区四周的自然环境，包括草坪、树木、房屋等为借景，借以衬托园区之景观。

四是关于对景与分景。重点应是分景的应用，特别是隔景的应用，即田园之中形成若干个景区，每个景区中的景物应各有特色，以体现丰富性。

五是关于框景、夹景、漏景、添景。框景、夹景、漏景、添景都应应用，但重点应是框景和漏景的应用。在田园房屋的窗框、门框之外的田园景观（包括近景和远景）都应特别加以建设，使其具有一定的特色，以便形成框景和漏景的效果。

其次，关于园林植物景观在农业旅游园区中的应用。一是关于孤植、对植、丛植和群植。这类植物景观设计一般仅限于点缀型田园景观中应用，不过有几个问题应加以注意：其一，树种最好是当地典型树种，如热带地区的木菠萝、木棉等；其二，树种最好是果树，以达到既美化又有收果的目的；其三，树种的树冠不宜过大，以不影响周围农作物的正常生长为度。

二是关于树林。树林有经济林和果林两种，应以果林为主，采用密林的形式，以提高土地利用率和利于生产。不过，为了达到美化效果，可考虑在经济林和果林四周种植 1～3 行的或自然、或模拟建筑和动物修剪成型的小乔木、大灌木、小灌木。

三是关于植篱。应注意两点：其一是植物种类，一般宜用当地的典型灌木，如热带地区的马樱丹等；其二是树种要统一或有规律组合，即同一条植篱种植同一种灌木，或种植若干种灌木，但应呈交替反复出现形式。

四是关于花坛。应注意如下几个问题：其一，花坛不但有独立花坛、花坛群和花坛组群，而且有花坛园，即成块田园、甚至成片田园都种植花卉，并通过不同色彩的花、叶构成美丽的图案；其二，花坛不一定是成熟的，而是从花卉萌芽到开花的全过程，从而使花坛美不一定是花、叶美，而是幼芽美、幼苗美、成株美；其三，花坛设计不是纯粹为了观赏，还为了生产，为了经销，这就要求有一定量的同种类、同生长期的备用花卉，以便随时做好补充之用。

五是关于草坪。应尽量选用当地典型草种，如热带地区应尽量使用蜈蚣草、穗画眉草、毛画眉草等，这样，既体现了地方特色，又节约费用，还反映了大自然特征。不过，在使用时，应特别注意草种、特别是品种的统一，以体现整齐度，使草坪在统一中呈现整齐美。

台湾的另一农业旅游园区——台一生态教育农园则透现着以上理念。它位于台中的南投埔里，设有自然生态、教育展示和休闲娱乐三大功能区，建有蝴蝶生态馆、生态标本区、热带植物园、“花泉卉馆”、水边度假木屋、南芳花园，特别是采用垂直绿化理念，设计有许多融合生态、艺术的典雅景观设施。

第四章　农业旅游设施建设

如果说农业旅游景观是游客进行农业旅游的吸引物的话，那么，农业旅游设施则是帮助游客进行农业旅游的辅助物。

第一节　农业旅游设施的内涵

什么是农业旅游设施？笔者认为，农业旅游设施就是帮助游客进行农业旅游的辅助物。具体包含如下几层含义：

一、农业旅游设施是辅助物

大凡旅游景区都由两大部分组成，一是旅游景观，一是旅游设施。如黄山，这个位于安徽省南部的名山，其奇松、怪石、云海、温泉，其玉屏楼、迎客松、光明顶看飞来石、猴子观海、梦笔生花、天都峰、莲花峰、始信峰和西海排云亭等就是景观，就是旅游景观；其石梯、座椅、亭子、停车场、小卖部和餐馆等则是旅游设施。

在这两大部分中，旅游景观是吸引物，是主要的；旅游设施是辅助物，是次要的。因为游客到旅游景区旅游的目的，是欣赏景观，消费审美产品。对黄山来说，就是欣赏其奇松、怪石、云海、温泉等旅游景观。尽管这样，作为辅助物的旅游设施也是必不可少的。同样对黄山来说，没有石梯，登山难于进行；没有座椅，休息没有地方；没有亭子，乘凉缺少处所；没有停车场，车辆没处停放；没有小卖部，购物成为空话；没有餐馆，就餐成为问题。

农业旅游也是一样。所不同的是一般的旅游景观变成农业旅游景观，一般的旅游设施变成农业旅游设施。农业旅游景观指的是美观的产品、健美的植株和美化的田园等，是长字苹果、盆景苹果和苹果观光园等。农业旅游设施指的往往也是石梯、座椅、亭子、停车场、小卖部和餐馆等，但往往充满农趣，如餐馆往往盖的是农家宅，吃的是农家饭。当然，农业旅游设施往往也包括一些其他旅游设施所不具有的设施，如用来采摘水果的竹竿等。

二、农业旅游设施是帮助游客进行农业旅游的辅助物

大凡农业旅游区都修建有道路，并且大多修建成休闲小径，硬底，清洁，弯曲，情趣。无疑，这些道路，这些休闲小径，在上面行走会给人休闲、有趣的感觉。然而，这些道路，这些休闲小径，也无一不是通达某一景区、景点的必经之路，通过它们游客就能到达所希望到达的景区、景点，抑或水果采摘区，抑或盆景苹果景点，抑或其他景区、景点，进行采摘，进行欣赏，进行游玩。一句话，这些道路，这些休闲小径，就是辅助物。

三、农业旅游设施是帮助游客进行“吃、住、行、游、购、娱”等农业旅游的辅助物

吃、住、行、游、购、娱是旅游的六要素。农业旅游是旅游的一种类型，其不外也就是吃、住、行、游、购、娱，也就是到陌生的地区实现理想的富有农趣的吃、住、行、游、购、娱。

农业旅游需要辅助物，需要农业旅游设施，因此，作为农业旅游的吃、住、行、游、购、娱自然也需要辅助物，需要农业旅游设施。

第二节　农业旅游设施的类型

既然农业旅游设施是帮助游客进行“吃、住、行、游、购、

娱”等农业旅游的辅助物，那么，农业旅游设施就可以相应地分为“吃”的设施、“住”的设施、“行”的设施、“游”的设施、“购”的设施和“娱”的设施。下面逐一进行介绍：

一、“吃”的设施

“吃”的设施，指的是帮助游客进行“吃”这一旅游活动的农业旅游设施。

关于农业旅游的“吃”可分为如下四类：一是为饱腹而吃的“吃”；二是为解渴而吃的“吃”；三是为品尝而吃的“吃”；四是为农趣而吃的“吃”。为饱腹而吃的“吃”，与“一日三餐”的“吃”从内容到形式都没有什么区别，不外就是白米饭、菜、肉、汤，好的就是山珍海味了。为解渴而吃的“吃”，与夏天解渴的“吃”从内容到形式也都没有什么区别，不外就是开水、矿泉水，好的就是饮料了；为品尝而吃的“吃”，与日常品尝的“吃”从内容到形式同样都没有什么区别，不外就是甜的、酸的、苦的、辣的，好的就是巧克力、曲奇饼。为农趣而吃的“吃”则不同，尽管也是饱腹，也是解渴，也是品尝，但与“一日三餐”不同，与夏天解渴不同，与日常品尝不同，与其他旅游的也不同，内容是，形式也是。饱腹的往往是竹筒饭、三杯鸡；解渴的往往也是椰子水，但不是经过加工处理用瓶装的椰子汁，而是从椰子树上摘下不久、原汁原味的纯真椰子之水；品尝的往往也是苹果，但不是到市场购买的苹果，而是到苹果园亲自采摘的苹果。

因此，“吃”的设施包括为饱腹而吃的“吃”设施，如碗、筷、盆；包括为解渴而吃的“吃”设施，如口盅、杯子；包括为品尝而吃的“吃”设施，如油、盐、酱、醋；更包括为农趣而吃的“吃”设施，如竹筒、叶子、柴草、刀、竹竿、篮子。

二、“住”的设施

“住”的设施，指的则是帮助游客进行“住”这一旅游活动的农业旅游设施。

人们居住的目的不外乎在居室中过上一种不同于自然中的生活。在居室中，空间宽阔，温度适宜，阳光充足，设施配套，生活舒适。特别是对于劳累了一天的人们来说，无不有一种温馨的感觉。在居室中，睡觉是一个主要生活内容，消除疲劳，恢复体力，休养生息。

人们到农业旅游区居住的目的则应包含以上在内，但是，往往不限于以上，还包括：一是由于时间关系而不得已在农业旅游区居住；二是为了体验农业旅游区居住这一生活方式，这一既不同于自然，也不同于家庭，还不同于宾馆，不同于其他旅游区的生活方式，也就是富有农趣的居住。

大凡“住”都离不开宅、房、床，再不就是被单、枕头、鞋子、浴池、毛巾、牙刷、肥皂、毛梳、桌子和椅子等。在家里住是，在旅馆里住是，在农业旅游区住也是。

在农业旅游区居住却往往不仅仅是这样，而是还必须融入农趣的成分，以进行农业旅游之“住”。在农业旅游中进行的“住”融入了农趣的成分，宅、房、床融入，被单、枕头、鞋子、浴池、毛巾、牙刷、肥皂、毛梳、桌子、椅子等也融入。如，宅是农家宅，是元阳哈尼族人的蘑菇房，就是在“住”的要素中，在“宅”的要素中融入了农趣的成分。

三、“行”的设施

所谓“行”的设施，就是帮助游客进行“行”这一旅游活动的农业旅游设施。

“行”是身体的位移，是身体由此地到彼地；对旅游来说，则是身体由出发地到目的地。

可作为旅游的“行”的设施也有许多，但是，主要的则有地图、陆路、水路、航线、汽车、火车、飞机、轮船等。当然，这里的地图等是游客从居住地或出发地到旅游目的地的指南，陆路、水路、航线等是游客从居住地到旅游目的地的道路，汽车、火车、飞机、轮船等则应是游客从居住地或出发地到旅游目的地的交通工具。一句话，旅游的“行”设施主要由指南、道路和交通工具三大部分组成。

作为也是旅游的农业旅游来说，其“行”的设施与一般的旅游相同，形式是，内容也是。不过，既然是农业旅游，就应该体现农业旅游的情趣来，当然，绝不是牵强附会，而应是恰如其分。具体可以在农业旅游的地图上印上与农业旅游相关的图案，如田园风光；在汽车、火车、飞机、轮船等设施上播放与农业旅游相关的音乐和视频。这样，农趣就会营造出来，农业旅游“行”的设施就会体现出来。

四、“游”的设施

所谓“游”的设施，则是帮助游客进行“游”这一旅游活动的农业旅游设施。

“行”是身体的位移，是身体由此地到彼地；“游”也是身体的位移，也是身体由此地到彼地。或者就这一点来说，“游”和“行”并没有本质的区别。

“游”就是“游”，而不是“行”。显然，“游”与“行”的最大区别，就是“游”往往包含着“玩”，即是一种用“行”来“玩”的方式。都是在道路上行走，“行”是纯粹的身体位移，强调的是速度和时间，即以尽可能快的速度和尽可能短的时间，实现身体由此地到彼地；“游”虽也是身体的位移，但讲究体验和情趣，脚下踩的路面，头上顶的空间，身体经过的路旁，双手摸的物体，眼睛看的东西，耳朵听的声音，都会成为体验的对象，情趣的源泉，“玩”的内容，至于速度和时间则往往不予考虑。不但如此，往往为了进一步体验和追求情趣，身体甚至会来回移动。

农业旅游的“游”的设施与“行”的设施就也同也不同。即使是相同的方面，与“行”的设施相比，“游”的设施更突出“玩”的元素和情趣。都是地图，“行”的是交通图，“游”的是导游图；都是道路，“行”的是公路、铁路、航道、航线，“游”的是乡村道路、田园道路、休闲小路；都是交通工具，“行”的是汽车、火车、飞机、轮船，“游”的是观光车、牛车、竹排、人力车、轿。至于不同的方面，就是“游”的设施还有帮助游客观看和欣赏的设施，如望远镜和助听器等。

这些设施可以突出“玩”的元素和情趣。导游图，游客游玩的指南，不但印刷别致，图文并茂，线路清晰，而且标有景区、景点、景物；乡村道路，曲径通幽，植被典型，树木遮阴，鸟语花香；观光车，体小灵活，视野开阔，行驶自如，来去方便；望远镜，延长视力，可及远景，可视远物；如此等等。

五、“购”的设施

在农业旅游活动中，帮助游客进行“购”这一旅游活动的农业旅游设施，就是“购”的设施。

在农业旅游中，“购”是活动内容之一。购买的对象自然只能是农业旅游区中用来交易的东西。无疑，在这些东西中，也有用来饱腹的饭菜，用来解渴的饮料，用来装饰的珠宝，等等，但是，更多的、更主要的却是农产品和作物植株。农产品主要有原生的和工艺的两种。所谓原生的农产品，指的是农作物生长发育形成的农产品，如普通的荔枝、龙眼、苹果等。当然，也包括新培育品种生长发育形成的农产品，如多彩玉米、多彩辣椒、圣女果等。所谓工艺的农产品，指的则是原生农产品通过工艺的作用形成的农产品，如长字苹果、奥运西瓜、工艺黄豆等。作物植株则主要有盆景作物和插植作物。所谓盆景作物，指的是用花盆来栽植并形成艺术造型的作物，如盆景荔枝、盆景龙眼、盆景苹果。所谓插植作物，指的则是将作物植株插植在盛有营养液的花瓶中，形成类似插花艺术一般的作物。目前，这一技艺还未研究开发，但是，迟早会研究出来，开发出来，形成一门艺术，形成一种产品。

因此，农业旅游“购”的设施，就是帮助游客购买上述产品的辅助物，准确地说，就是主要帮助游客购买上述农产品和作物植株的辅助物。显然，袋子、篮子、箱子、绳子等具备这一功能。袋子、篮子、箱子等可以用来装载农产品或作物植株，绳子等则可以用来加固袋子、篮子、箱子等。在农业旅游区，采摘还是特有的购买形式。采摘，用手采摘，用竹竿采摘；即竹竿之类的东西也是农业旅游“购”的设施。

六、“娱”的设施

在农业旅游活动中，帮助游客进行“娱”这一旅游活动的农业旅游设施，则是“娱”的设施。

旅游中一切娱乐的设施都可以在农业旅游区建设和出现，然而，对农业旅游来说，则应该建设与“农”有关的设施。否则，就无所谓农业旅游区，也无所谓农业旅游，或者至少可以说，在“娱”的方面是这样。

那么，什么是与“农”有关的娱乐设施？笔者认为，与“农”有关的娱乐设施应该是民俗文化设施。因为民俗文化是农耕文化催生出来的，是农耕文化在生活、生产和习俗方面的延伸和表现。

什么是民俗文化设施？根据以上对农业旅游设施的定义，可对民俗文化设施定义如下：帮助游客进行民俗文化活动，获取娱乐的辅助物。

棋是典型的娱乐设施之一。不过，作为农业旅游的“棋”就不应该是围棋、中国象棋，更不应该是国际象棋、军棋、五子棋等，而应该是民间棋，是绕棋、弹棋、陷阱棋。因为这些民间棋是民俗文化设施，是可以在帮助游客进行民俗文化活动中获取娱乐的辅助物。

当然，在农业旅游中，在农业旅游区，作为农业旅游设施的绕棋、弹棋、陷阱棋不应该是原汁原味的民间棋，而应该是文明的、现代的、旅游的民间棋。即绕棋的棋盘不是画在地面的四横四竖凑成的正方形，再用弧线连接四个角的棋盘，棋子也不是随意捡拾的石子；而是用塑料板或木板制成的棋盘，是用塑料或木块制成的棋子。弹棋、陷阱棋也是这样。

第三节　农业旅游设施的特征

设施是一种客体，普遍存在着，存在于几乎所有事物中；设施又是一种各具特征的客体，存在于相应的事物中。农业旅游设施既是一种客体，又是一种具有本身固有特征的客体。

一、功能性

所谓功能性，指的是农业旅游设施具有帮助游客进行旅游活动的基本功能的特征。

不同设施具有不同的功能。农业旅游设施具有的功能就与其他设施不同，其功能就是帮助游客进行农业旅游活动。

农业旅游包含“吃、住、行、游、购、娱”六要素，因此，农业旅游设施应该具有帮助游客进行“吃、住、行、游、购、娱”的功能。竹筒等设施具有帮助游客进行“吃”的功能，蘑菇房等设施具有帮助游客进行“住”的功能，道路等设施具有帮助游客进行“行”的功能，牛车等设施具有帮助游客进行“游”的功能，竹竿等设施具有帮助游客进行“购”的功能，绕棋等设施具有帮助游客进行“娱”的功能。可以说，这些设施功能的具备，使其成为农业旅游设施。

二、农趣性

所谓农趣性，指的是农业旅游设施在帮助游客进行旅游活动的过程中能够给游客带来乡村情趣的特征。

农业旅游设施的农趣性是农业旅游设施区别于其他旅游设施的根本特征。上面提到的围棋、中国象棋、国际象棋都是娱乐设施，都可以成为旅游中的娱乐设施。尽管这样，它们都只能成为一般旅游中的娱乐设施。

农业旅游设施之所以要具有农趣性，那是由于这是农业旅游的客观要求，也是农业旅游设施的客观要求，因为只有这样，才能实现农业旅游的“吃、住、行、游、购、娱”。

那么，农业旅游设施的农趣性是怎样形成的？笔者认为，农业旅游设施的农趣性主要源于这些设施的原生性，即这些设施是在漫长的历史中，在当地的地理环境、气候条件、生活习惯和经济水平等因素的作用下，在广阔的乡村逐渐形成的。上面提到的绕棋、弹棋、陷阱棋等民间棋就是广大人民在生活中创造出来的。这些棋随时随地都可进行，即使在田间地头也可进行，随便找一个阴凉的地方，在地面划上几条线，拣几粒石子，就可进行，既简单、方便，又能体现智慧，还能获得乐趣，的确适合民间，适合乡村，适合经常到地里劳动的农民。农民下绕棋、弹棋、陷阱棋等民间棋有乐趣，游客下绕棋、弹棋、陷阱棋就有农趣了。

然而，在农业旅游中，在农业旅游区，农业旅游设施却不应该是纯粹的、完全的原生，而应该是文明化、现代化、旅游化的原生；或者可以说，内容是原生的，形式是文明的、现代的、旅游的。

三、文化性

所谓文化性，就是农业旅游设施往往具有文化的韵味，并在帮助游客进行旅游活动的过程中能够给游客以文化品读、熏陶的特征。

旅游是休闲，是闲情逸致，是文化活动，因此，必须有文化，有文化可品读，有文化可熏陶，必须有设施帮助游客在旅游活动中进行文化品读、文化熏陶。或者可以说，旅游无不要求旅游设施具有文化性。

当然，文化应主要存在和表现于文化设施中。一般的旅游是这样，农业旅游也是这样。因为旅游本身就是一种文化活动，而文化活动既需通过文化设施来进行，也需通过其他设施来进行。围棋是设施，是文化设施，绕棋也是设施，也是文化设施，自然可帮助游客进行文化活动。

作为农业旅游设施，其文化性的存在和表现应在两方面，或者可以说，通过如下两方面来实现农业旅游设施的文化性：一方面，利于农业旅游的文化设施。上面提到的民间棋，是一种设施，也是一种充满农趣的设施，还是一种纯粹的、完全意义的文化设施。对这类设施主要在于利用，在于利用其为游客进行文化活动服务。而利用的关键则在于使其适应游客，适应游客的文化活动要求。

另一方面，建设富有文化韵味的农业旅游设施。上面提到的道路，是一种设施，但不一定是文化设施。对这类设施主要则在于建设，在于将其建设成富有文化韵味的设施。而建设的关键则在于将文化元素有机地融入农业旅游设施之中。对农业旅游来说，就是将文化元素有机地融入农业旅游设施之中。这样，既使设施具有文化性，又使设施具有农趣性，更使农业旅游区成为更具农味的景区，更使游客能够进行更具农味的农业旅游。

四、审美性

所谓审美性，则是农业旅游设施在外观上具有美感的特征。

大凡旅游既离不开文化，也离不开审美。文化给人以品读，审美给人以愉悦。或者可以说，游客通过美观的外观，通过可以愉悦的外观，认知事物，品读文化；对农业旅游设施来说，就是通过农业旅游设施美观的外观、可以愉悦的外观，认知农业旅游设施，品读农业旅游设施，并在认知、品读中借助农业旅游设施，实现旅游的目的。因此，作为农业旅游设施必须具有审美性。

上面提到的民间棋，当把棋盘和棋子制作成精美的棋盘和棋子的时候，其审美性就体现了，人们就可以在审美中下棋、娱乐了。民间棋是这样，采摘果实的竹竿也是这样。即竹竿不应该是纯粹的竹竿，而应该是精美的竹竿：笔直、光亮、手感好，甚至雕刻有花、鸟图案。当然，其他设施同样应该这样。

农业旅游设施的审美性是其与其他非旅游设施的一个区别。完全意义的原生态的民间棋，在地表划棋盘，用石头作棋子。坐在地上下棋，既不舒服，又弄脏裤子，手更不用说了。

五、旅游性

农业旅游设施是帮助游客进行农业旅游的辅助物，因此，它具有旅游性。

农业旅游设施的旅游性是其与一般农业设施的最大区别。众所周知，农业设施是帮助农作物生长发育、生产高产优质农产品的辅助物。沟渠为农作物提供充足的水源，林带为农作物提供适宜的气候环境，棚架为农作物提供理想的生长空间，如此等等。因此，这些设施一般来说不具有旅游性。因为这些设施一般仅考虑是否有利于充足水源、适宜气候环境和理想生长空间的提供，而不考虑文化性、审美性和旅游性的有无。当这些设施在考虑是否有利于充足水源、适宜气候环境和理想生长空间的提供的同时，也考虑文化性、审美性和旅游性的有无，即有机地融入文化元素、审美元素和旅游元素，而又作为旅游用途的时候，这些设施就成为农业旅游设施了。

农业旅游设施的旅游性应该体现在两方面。一方面是农业旅游设施的文化性、审美性和旅游性；另一方面是农业旅游设施的文化性、审美性和旅游性应体现在“吃”的设施、“住”的设施、“行”的设施、“游”的设施、“购”的设施和“娱”的设施之中。

第五章　农业旅游活动组织

农业旅游活动是农业旅游的核心，有商业行为，也有非商业行为。这里所指的农业旅游活动主要指商业行为，因此，它的组织由旅游部门来操作，或者可以说，这里研究的农业旅游活动是基于旅游部门操作下的农业旅游活动。

第一节　游客消费心理分析

游客旅游无不是旅游消费心理驱动的结果，农业旅游则无不是农业旅游消费心理驱动的结果。游客的农业旅游消费心理，指的是游客参与农业旅游、消费农业审美产品的心理需求。它是游客参与农业旅游的决定因素，因此，要组织农业旅游活动，首先必须分析游客的农业旅游消费心理。

一、审美消费心理

审美消费心理，是游客的主要消费心理，指的是游客在审美心理的驱动下，对美好事物、特别是美观产品、健美植株和美化田园的消费心理需求。

爱美是人类的天性。在这一天性的驱动下，人类总是尽可能多地消费审美对象，消费相对更美的审美对象，消费相对更陌生的审美对象。因为美的事物、也就是审美对象会给人以美的感受，以愉悦的感受，以爱美天性的满足。游客每到公园，总是在有限的时间内，观赏尽可能多的景点、景物、景观，观赏那些美得出奇的景点、景物、景观，观赏那些从未见过的景点、景物、景观。对黄山来说，最吸引人的自然是其四绝——奇松、怪石、云海、温泉，是迎客松、飞来石……

游客、特别是城市游客在对城市景观熟视无睹后，在对高楼大厦、假山假水、旋转风车熟视无睹后，逐渐把视角转向乡村、田园，转向农业景观，转向不同于城市景观的农业景观，转向人类曾经是那样熟悉而现在又逐渐疏远的农业景观，转向美观的产品、健美的植株和美化的田园，转向长字苹果、盆景苹果和苹果文化公园。

二、猎奇消费心理

猎奇消费心理，指的是游客在猎奇心理的驱动下，对新、特、珍、稀、古、怪的事物、特别是农业中存在的新、特、珍、稀、古、怪的事物的消费心理需求。

什么是猎奇？所谓猎奇，就是对新、特、珍、稀、古、怪事物的寻找、认识、鉴别和欣赏。如果说方形西瓜属于新、特、珍、稀事物的话，那么，刻意到种植方形西瓜的西瓜园里，寻找、认识、鉴别和欣赏方形西瓜，就是猎奇。

什么是新、特、珍、稀、古、怪？新，指的是从未有过或从未见过的事物。方形西瓜第一次栽培出来是“从未有过”的事物；已经栽培出来并已推广种植，但对从未见过的人来说，是“从未见过”的事物。它们都是新事物。特，指的是特别、特殊的事物，即不同于传统的、习惯的、常见的事物。传统的西瓜呈圆形或椭圆形，方形西瓜呈方形，因此，从这一角度来说，方形西瓜也是特别、特殊的事物。珍，指的是珍贵的事物。珍珠就很珍贵，上万元、上十万元的都有，因此，珍珠应是珍贵的事物。稀，指的是稀有的事物。如果说珍珠是既珍贵、又稀有的事物的话，那么，随着人们告别茅草屋，茅草就会逐渐成为稀有的事物。当然，茅草并不会珍贵。古，指的是远古的事物。如果说耕地机是现代的劳动工具的话，那么，石锄就是远古的劳动工具。怪，指的是奇怪、古怪的事物。瓜一般呈圆形、椭圆形、长形等形状，像蛇一样的蛇形瓜自然就会显得有点古怪。这些新、特、珍、稀、古、怪事物自然会满足着人们的猎奇消费心理。

三、探源消费心理

所谓探源消费心理，指的是游客在探源心理的驱动下，对事物、特别是对农业的起源、经过、发展存在着的一种探究的消费心理需求。

任何事物的存在和表现都有一定的原由，都是其相应的前一事物在一定的条件下，经过一定的过程，发展、变化的结果。水分子是氢原子和氧原子化合的结果，砖红壤是玄武岩在水、热的长期作用下风化而成的。人类对这些都有兴趣，都想探究，从而形成探源心理。

在探源心理的驱动下，人类对事物的探究无穷无尽，在广度上是这样，在深度上也是这样。

在探源心理的驱动下，人类自然也会对农业进行探究，特别是那些不熟悉农业的城镇居民和青少年们更是这样。方形西瓜是美的，美在呈方形，美在呈不同于圆形或椭圆形的方形，它是采用方形西瓜栽培技术，通过模具的压力，使原本为圆形的西瓜变成方形的西瓜。这时，不但方形西瓜可吸引大家的眼球，而且连方形西瓜栽培技术和模具也会引起大家的兴趣。这时，如果说方形西瓜可满足人们的审美消费心理需求的话，那么，方形西瓜栽培技术和模具则可满足人们的探源消费心理需求。

四、寄托消费心理

所谓寄托消费心理，指的是游客在寄托心理的驱动下，把某种愿望寄托于某些事物中，借助这些事物来体现自身的愿望，从而使这些事物具有相应的价值的消费心理需求。

关于寄托，最为传统、最为典型的莫过于图腾崇拜，而就近、现代来说，最为流行、最为普遍的则莫过于建造纪念碑、纪念馆。如果说图腾崇拜往往带着宗教色彩的话，那么，纪念碑、纪念馆则往往寄托着人们对先辈、伟人、英雄的纪念。这时，人们若要纪念先辈、伟人、英雄，往往要到纪念碑、纪念馆去，举行相关的仪式，念悼文，献花圈，等等。

关于寄托，在乡村，人们往往赋予某一棵古树、老树、名树以某一特有的文化内涵，并借以寄托某一特有的愿望。毛柃是热带地区的一种典型、稀有树种，二月开花，三月结果。在乡村，人们往往赋予毛柃这样的文化内涵：吃毛柃，心不变。当然，人们往往会将这一文化内涵赋予又高大、又古老的毛柃。由于毛柃被赋予这一文化内涵，那些少男少女、特别是那些青梅竹马的情侣们往往都会驻足毛柃树下，许个心愿：吃毛柃，心不变。这样，在旅游开发中，就可加以利用，以满足游客相应的寄托心理需求，从而形成相应的景点、景物。

五、认知消费心理

游客在认知心理的驱动下，对农业知识的认识、了解、掌握的消费心理需求，就是认知消费心理。

认知是人类的本能，如果说咿呀学语是无意识驱动下的本能体现的话，那么，探测太空则是意识驱动下的本能表现。认知使人类认识、了解、掌握事物，获得知识，增强能力，推动事物发展。

人类的这一本能同样表现在农业方面。农作物的生根、发芽、长叶、分蘖、拔节、抽穗、扬花、结果对农民来说是熟视无睹的，但对城市居民和青少年来说则是陌生的，是需要认知的，是可以引发审美情趣的。

对农业来说，可以认知、需要认知、值得认知的内容有许多；可以说，可以引发游客审美情趣的内容有许多。这些内容，除上面提到的农作物的生长发育以外，还有作物种类、作物栽培、栽培技术及其应用、农业投入品及其使用、农业劳动工具及其操作、农业发展和农业文化等。

六、体验消费心理

游客在体验心理的驱动下，对进行农业劳动、获取农业劳动知识、体验农业劳动生活的消费心理需求，则是体验消费心理。

体验是一种过程，是一种感受，是一种生活方式，是一种获取知识、获得愉悦的生活方式。骑车就是一种体验，双手扶把，双脚踩踏，从此地到彼地。

旅行也是一种体验，可以体验什么是身体的位移，是身体由旅游出发地位移到旅游目的地；什么又是身体的位移的方式，是步行，是骑车，是乘车，是搭船，是坐飞机，各有什么不同和感受；可以认知、欣赏山水、植物、动物、建筑等，认知其美的存在，欣赏其美的表现；可以了解、品读文化、民俗、故事、典故等，了解其形式，品读其内涵，如此等等。

农业旅游更是一种体验，不但可以进行上述体验，而且可以进行种植体验、田间管理体验、收获体验、品尝体验、加工体验、农业劳动工具使用体验、农业投入品应用体验，体验水稻的插植、施肥、灌水、防虫、治病和收割，体验水果的品尝，体验米粉的磨制，体验锄头的使用，体验化肥的施用，如此等等。在这些体验中，情趣较浓的应是到果园里亲手采摘自己亲手栽植的水果，因为它不但可体验采摘，体验品尝，而且可感受自己劳动的成果，品尝自己劳动的果实，其情趣自然要比到市场上购买水果浓得多，形式不同，感受不同，趣味不同，别有一番风趣，引发需求之欲望。

七、表现消费心理

游客在表现心理的驱动下，通过参与农业旅游，表现自我的消费心理需求，所形成的消费心理，就是表现消费心理。

争强好胜是动物的天性，也是人类的天性。科学地说，人类都追求表现自我，追求潜存能量的最大可能释放。体育比赛的冠军，体现了这一点。在日常的生活、平常的事务中，如炒一个可口的菜、穿一件像样的衫等，同样体现了这一点。

人类这一行为同样表现在农业旅游中。参与农业旅游是一种表现，参与多次农业旅游也是一种表现，参与多处农业旅游同样是一种表现，参与你和他不曾参与过的农业旅游更是一种表现。到苹果园采摘苹果，是体验；采摘挂结较高的苹果，则既是体验，也是表现；采摘得又多又快，则同样既是体验，也是表现。这样，就会有需求，就会形成需求。

八、休闲消费心理

游客在休闲心理的驱动下，通过参与农业旅游，进行休闲活动，所形成的消费心理，则是休闲消费心理。

休闲是一种在非劳动与非工作时间内以各种“玩”的方式求得身心的调节与放松的生活方式，具有生命保健、体能恢复、身心愉悦、增长知识的功能。不过，休闲的方式有许多，读书是，散步是，静坐是，品茶是……“饭后百步走，活到九十九”，说的就是散步，就是散步这一休闲方式，就是散步这一休闲方式对生命保健的作用。

农业旅游也是一种休闲方式。在农业旅游中，乡村是淳朴的，田野是广阔的，空气是清新的，视野是开阔的，景观是独特的，内容是丰富的，形式是多样的，游玩是有趣的，生命是合一的，心情是舒畅的，的确是休闲的理想方式。就如采茶，到充满绿色的茶园采茶，不但可饱眼福，可呼吸新鲜的空气，而且可学习知识，掌握技能，修身养性，并且达到农业生产的目的——收获茶叶。这样的休闲方式怎能不理想？怎能不引发游客的消费冲动？

九、保健消费心理

保健消费心理，就是游客在保健心理的驱动下，通过参与农业旅游，实现身体保健的消费心理需求。

健康长寿是人们的愿望、追求，对百岁老人的尊敬、宣传，发给生活补贴，甚至载入史册，则是这一行为的最好诠注，而采取的一切保养、保健措施，如适度工作、注意休息、讲究饮食、锻炼身体等，则是这一期望的理性行为。健康专家洪昭光教授的健康报告在民间以传抄本和翻印本的形式共流传 68 种版本，在出版社出版发行上百万册，这是这一健康报告的魅力所在，科学所在，价值所在，更是人们对健康、对长寿的渴望和追求。

人们的保健消费心理需求同样延伸到农业旅游中。的确，以田园为生活空间，以农作、农事、农活为生活内容，以农业生产和农村经济发展为生活目标，可以实现回归自然、享受生命、修身养性、度假休闲、健康身体、治疗疾病、颐养天年等田园养生的目的。在实际的农业旅游中，到种植薰衣草的农业旅游园区去旅游一下，就会感受到这一点。因为薰衣草是一种美丽、芳香、药用和充满文化韵味的植物。它的美丽可给游客视觉以愉悦，芳香可给游客嗅觉以舒适，药用可给游客身体以健康，文化韵味可给游客生命以魅力。在这样的园区旅游，自然会实现保健的目的，也自然会满足游客保健的心理消费需求。

十、生命消费心理

生命消费心理，则是游客在生命心理的驱动下，通过参与农业旅游，实现生命价值，实现生命潜能的释放，从而表现生命的消费心理需求。

人类的最高追求是生命价值，是生命的存在价值，是生命的潜能释放，是生命存在价值的表现形式，是生命潜能的释放途径和形式。如果说体育比赛是人类对生命极限的挑战的话，那么，倒不如说体育比赛是人类以体育及其比赛的方式来表现生命的价值。这就不难理解为什么运动员如此刻苦锻炼，如此永攀高峰。

在农业旅游中，存在可以满足人类这一消费心理需求的要素，那就是为人们提供回归自然、返璞归真的环境和场所，为人们提供释放潜能的条件和环境。在农业旅游区，芳香的田园、淳朴的乡村、原生的民俗、葱绿的作物是自然的、真实的，是人类曾经的家园，是人类曾经存在和发展的家园，是人类实现天人合一的选择。

在农业旅游区，美观的产品、健美的植株、美化的田园可观赏、可品读、可审美，可极大地释放人们的审美情趣；在农业旅游区，多种的技能、多样的工具、丰富的民俗可利用、可运用、可体验，可极大地释放人们的潜存能量；在农业旅游区，可插秧、可植蔗、可种果、可喂鸡、可牧羊、可养鱼，可极大地彰显人们的生命存在；在农业旅游区，种下的果是开花挂果的，当果实挂满枝头的时候，不正是生命的存在和表现么！

第二节　游客消费爱好培育

人类的爱好既是先天的，也是后天的；即使是先天的，后天的作用也是相当大的。因此，就可以培育，就应该培育。要发展农业旅游，既要充分地利用游客的消费心理，又要科学地培育游客的消费爱好。

一、文化素质培育

文化涵盖范围较广，因此，文化素质涵盖范围也较广。不过，文化素质一般应包括数、理、化、文、史、哲等方面的知识，是人们认知的基础，也是人们消费爱好的基础。文化素质越高，人们的认知能力越强，消费爱好的范围越广、程度越强。

文化素质同样影响人们对旅游、对农业旅游的消费。事实上，文化素质越高的人，越喜欢旅游，越喜欢农业旅游。因为旅游也好，农业旅游也好，其本身就是一种文化活动。何忠伟、曹暕（2012）的研究表明，北京休闲农业的游客以高学历者为主，专科及以上学历者占 84%。因此，要发展农业旅游，必须培育人们的文化素质。

培育人们的文化素质，最为行之有效的途径自然是推行教育制度。我国目前实行的九年义务教育制度，就是从制度上确保全民受教育，使全民至少受到九年的教育，也就是至少受到初中水平的教育。显然，随着国力的提高，义务教育制度自然会进一步深化，最终会发展为十二年义务教育。届时，人们的文化素质将会从整体上进一步提高。

涵盖范围广阔的文化素质自然包含旅游文化素质；或者可以说，旅游文化素质更直接地影响人们的旅游消费爱好。邱宏亮等（2014）对文明旅游意识对文明旅游行为意向的影响研究表明，文明旅游意识对文明旅游行为意向具有重要的影响，但是，文明旅游意识其实就是旅游文化素质的一部分，文明旅游行为意向其实则是旅游消费爱好的一部分，即据此足以推知，旅游文化素质更直接地影响人们的旅游消费爱好。

培育人们的旅游文化素质，行之有效的自然也是教育，不过，不是九年义务教育，而是旅游文化培训，即举办旅游文化培训班，向人们灌输旅游的基本知识，让人们对旅游及其文化有所了解，特别是让人们认识到旅游在提高生活质量中的作用，以激发人们的旅游热情，养成人们的旅游爱好。

二、农业知识培育

农业旅游的实质是农业园区的游玩、农业景观的观赏、农业情趣的鉴赏、农业审美产品的消费，因此，要进行农业旅游，必须具备相应的农业知识，才能游玩出味道，观赏出景致，鉴赏出情趣，消费出心境。作物徒长往往青枝绿叶，但不利于作物的生殖生长和扬花挂果，这不是作物的健康长相、高产长相，但若不具备基本的农业知识，则往往不能认识到这一点，往往会做出相反、错误的判断，可见，农业旅游的确需要具备相应的农业知识。

当然，培育农业知识并不需要像培养农业专门人才那样灌输全面、系统、深入的农业知识，但却需要灌输基本的农业知识。从范围来说，应包括作物知识、作物栽培知识、土壤肥料知识、作物保护知识、农业机械知识和农业历史知识；从层次来说，一般了解即可；从时效来说，应以旅游目的地所涉及、需要的为主。例如，当旅游目的地种植有方形西瓜时，就应灌输方形西瓜的基本知识。

培育人们的农业知识，采用办班的形式固然效果好，但是，却不大切合实际。有效的形式应是开始旅游前的集中讲座，即在旅游出发前，集中游客，搞一个简单的农业知识讲座，由农业专业人员对游客讲授农业知识，也就是从以上三方面灌输农业知识。当然，还有一种形式是可以采用的，即边游玩边灌输。事实上，现在大多数农业旅游都是采用这种形式。不过，采用这种形式只是对提高游客的审美情趣效果较好，而对培育游客的消费爱好效果就不那么好了。

三、审美情趣培育

旅游也好，农业旅游也好，尽管都是吃、住、行、游、购、娱，但是，主要都是审美，都是审美享受。

爱美是人类的天性，但审美情趣却因人而异，因人的审美素质不同，审美偏好也不同。品读《红楼梦》等名著是审美，也是素质；品读《还珠格格》等言情小说同样是审美，也是素质。观赏书画是审美，也是偏好；观赏花草同样是审美，也是偏好。鉴赏农产品是审美，也是素质；鉴赏作物植株同样是审美，也是素质。

培育人们的审美情趣，能增强人们的旅游偏好。涂玮等（2013）以常州中华恐龙园为例的研究表明，游客美感价值体验对娱乐体验主题公园依然具有正向影响，其中对园区“功能依赖”正向影响的路径系数为 0.281，对园区“情感认同”正向影响的路径系数为 0.143。娱乐体验主题公园不外旅游对象之一。既然这样，作为也是旅游对象的农业旅游园区也应该这样。美观的产品、健美的植株、美化的田园，长字苹果、盆景苹果、苹果文化主题公园，需要审美情趣。因此，培育农业旅游游客的审美情趣很有必要。

作为农业旅游游客审美情趣培育，关键应该是审美鉴赏力、农业鉴赏力和农业鉴赏培育。农业鉴赏培育主要在于游客的农业旅游实践，即其能力的提高总是伴随着农业旅游实践的增加而深化。而审美鉴赏力和农业鉴赏力的提高也会伴随着农业旅游实践的增加而深化。不过，通过知识的灌输也会有比较明显的效果。关于审美鉴赏力和农业鉴赏力知识的灌输却不宜采用办班或讲座的形式，而应充分地利用各种媒体。因为提高审美鉴赏力和农业鉴赏力是一个自觉和渐进的过程。自然，在当前，最理想的媒体应该是网络。因为网络的知识容量大、涉及面广、传播速度快。在具体的操作上，主要就是将审美鉴赏和农业鉴赏的相关知识发放到相关网站上，包括相关的游戏软件、电子邮箱和QQ上，让人们在自觉、不自觉中学习，提高鉴赏力。

四、休闲方式培育

关于休闲及其方式上面已提到，在此不再重复。从上面提到的休闲及其方式来看，要发展农业旅游，很有必要培育人们、特别是游客的农业旅游的休闲方式。

休闲方式可以培育吗？或者说，可以转变吗？谢维光等（2013）基于佳木斯“快乐舞步”的调查所进行的城市居民群体休闲活动发展动因与社会影响的研究表明，快乐舞步的出现使人们从以静态为主的室内休闲方式转向更加有益身心的户外休闲方式，即人们由其他休闲方式转变为快乐舞步这一休闲方式。

休闲方式如何转变？如何培育？谢维光等（2013）的研究还表明，佳木斯其他休闲方式是这样转变为快乐舞步的：在发展动力上，形式新颖是“快乐舞步”保持魅力的关键，人们对健康的追求是其发展的根本动力，政府支持与引导为其发展提供政策保障、指明了其发展方向，媒体宣传和企业赞助是其发展的辅助动力。

培育游客的农业旅游休闲方式，不宜照搬“快乐舞步”休闲方式的培育做法，但是，应该借鉴其经验。笔者认为，培育游客的农业旅游休闲方式，首先是灌输农业旅游思想，让游客认识到什么是农业旅游、农业旅游有什么类型和方式、农业旅游有什么特点、农业旅游在旅游、休闲中的地位、农业旅游对人们审美、猎奇、探源、寄托、认知、体验、表现、休闲、保健、生命有什么帮助。其次是组织农业旅游活动，让游客亲身参与农业旅游，体验农业旅游，爱上农业旅游，形成农业旅游的休闲方式。

五、生活观念培育

生活内容是丰富的，以吃、穿、住、行为基本。

生活之本质却是生命的存在和表现；生命的存在和表现形式的不同使生活呈现丰富多彩，更使生命呈现多样的价值取向，并使生命在共同认同价值评价体系的框架下呈现相应的价值。

基于生活的本质是生命的存在和表现，生活的内容就不仅仅局限于吃、穿、住、行，许多东西都是可以生活方式化的，都是可以作为生命的存在和表现的。举重可以，予生命以举重的方式存在，以举起的重量表现；唱歌可以，予生命以唱歌的方式存在，以歌声的悦耳表现；写字可以，予生命以写字的方式存在，以文章的优美表现。

农业旅游也是可以生活方式化的，也是一种生活方式，如上所述，可实现审美、猎奇、探源、寄托、认知、体验、表现、休闲、保健等目的，以这些作为生命的存在和表现。认识、了解农作物的生长发育是一种认知，如果说仅仅认识、了解农作物的生根这一环节是予生命以认知的方式存在的话，那么，认识、了解农作物的生根、发芽、长叶、分蘖、拔节、抽穗、扬花、结果整个生长发育过程则是予生命以认知的方式表现；采摘水果是一种体验，如果说采摘一个水果是予生命以体验的方式存在的话，那么，采摘多个水果，特别是又快又好地采摘多个水果则是予生命以体验的方式表现。显然，随着农业旅游这一生活观念的培育，人们、特别是游客就会选择这一生活方式，使这一生活方式逐渐成为主要的生活方式之一。

生活观念的培育，知识的灌输和舆论的宣传固然重要，但更重要、更有效的途径却是农业旅游体验，特别是生活方式化的农业旅游体验。所谓生活方式化的农业旅游体验，就是有意识地在农业旅游中有机地融入生活元素，主要自然是融入友好、互助、情趣、向上、积极、和谐等生活元素，使游客更好体验、感受、悟出生活的存在和实在，从而升华出农业旅游是生活方式之一的观念。

六、生命价值培育

关于生命价值及其农业旅游方式存在和表现，在论述生命消费心理中已论及，因此，在此不再重复。

培育生命价值，关键在于生命价值观的树立，在于农业旅游方式存在和表现是生命价值存在和表现的理想形式之一的观念的树立，树立在头脑中，表现在行动中。生命价值观的树立，关键则在于生命价值观的灌输，通过报纸、杂志、网络等媒体的灌输，使其家喻户晓，深入人心，形成观念，变成行为。

第三节　农业旅游活动计划

分析游客消费心理也好，培育游客消费爱好也好，其出发点和落脚点都在于开展农业旅游活动，发展农业旅游。而要使农业旅游活动有的放矢，卓有成效，首先必须制订一个科学、规范、周密、可行、可操作的农业旅游活动计划，并着力于研究、解决如下问题：

一、目的问题

从某种意义上说，农业旅游就是目的，就是某一时空的生活安排。不过，农业旅游内容是丰富的，或者可以说，农业旅游目的是不同的。当然，某一次的农业旅游往往包含多个内容，农业旅游目的往往是可以多个的。

一般来说，农业旅游的目的可分为产品购买、食品品尝、景观欣赏、科普学习、文化品读、体验情趣、养生保健、休闲生活。

景观欣赏过程中往往包含产品购买、食品品尝、科普学习、品读文化、体验情趣、养生保健、休闲生活，到苹果文化主题公园旅游、观光，即使主要目的是观赏苹果田园风光，也往往难免顺手采摘几个苹果，品尝一个苹果，购买一袋苹果，品读一下苹果，了解些许问题，而游玩于苹果田园之中，本身就是一种养生保健、休闲生活的过程。

因此，制订农业旅游活动目的的计划，就不能采用唯一性，而应坚持相对性和兼顾性。所谓唯一性，就是仅以某一活动内容为农业旅游活动之目的。同上例，不能将观赏苹果田园风光作为游玩苹果文化主题公园的唯一活动内容。所谓相对性，则是以某一活动内容作为农业旅游活动之相对主要的目的。同上例，应将观赏苹果田园风光作为游玩苹果文化主题公园相对主要的内容。所谓兼顾性，则是在以某一活动内容作为农业旅游活动之相对主要的目的的同时，兼顾其他相对次要的目的。同上例，应将观赏苹果田园风光作为游玩苹果文化主题公园主要内容的同时，兼顾苹果采摘、苹果品尝、苹果购买、苹果品读、问题了解、养生保健、休闲生活。

二、线路问题

明确目的之后，就要考虑线路问题。所谓线路问题，从表观层面来说，就是通达农业旅游目的地，实现农业旅游目的，必须经过的线路及其景区、景点；从本质层面来说，则是农业旅游目的对象化。

无疑，线路问题涉及两个问题，一个是线路问题，一个是线路上的景区、景点问题。关于线路问题，选择的原则应该是：便捷、路况好，沿途景观与景区、景点相一致。关于景区、景点问题，选择的原则应该是：既能满足旅游目的要求，又能各具特色，特别是能围绕旅游目的要求，从各个不同侧面，构成旅游目的链条化、有机化、整体化的吸引物。所谓链条化，就是作为旅游吸引物的景区、景点不是一个、两个，而是若干个、一系列，并且往往是大系列中包含若干个小系列。所谓有机化，就是景区、景点既是各自独立的，又是互相联系的，既是某方面的展现，又是整体的某个侧面。所谓整体化，则是所有景区、景点应该是一个整体，应该是旅游目的的全面展现。

基于以上两个原则，在制订农业旅游活动线路时，就应该科学地、合理地选择线路。例如，当旅游目的是观赏、品读农业产业文化景观的时候，那么，就应该选择以农业产业化为主题建造起来的农业产业文化园区作为旅游线路上的景区、景点。

三、成员问题

这里的成员指的是旅游组团的成员。当前，通过旅游部门参与旅游的活动都是以组团的形式，即大凡组团旅游都涉及成员问题。而大凡成员也都涉及三个问题，或作为旅游必须考虑三个问题：一是人员规模问题；二是人员组成问题；三是旅游偏好问题。

人员规模问题其实就是旅游团的人数问题。一般来说，人员规模与吃、住、行、游、购、娱的规模都有关，这就涉及组织问题、协调问题和统一问题。人员规模越大，吃、住、行、游、购、娱的规模也随之越大，组织问题、协调问题和统一问题同样随之突出。显然，作为组团旅游必须做到：以组织的形式，通过协调，实现统一，进行旅游，完成任务。当然，作为组团旅游最值得注意的是行的问题，特别是人员规模与交通工具座位数量的统一，要做到两者相等或基本相等，这样，才能实现物尽其用，不至于造成不必要的浪费，不至于因此增加旅游成本。

人员组成问题就是旅游团组成人员的成分问题。一般来说，人员组成涉及年龄问题、文化问题、经济问题和职业问题。无疑，由于年龄不同、文化不同、经济状况不同和职业不同，对事物的认知广度和深度都不同，对事物的兴趣对象和程度也不同。作为组团旅游必须做到：求同存异，求大同存小异，求大同以求旅游之统一，存小异以求各人之满足。作为组团旅游尽可能使上述差异缩小，即其人员组成最好年龄相近、文化相近、经济状况相近和职业相近，特别是年龄相近，如组织青年旅游团、老年人旅游团等。

旅游偏好问题则是游客在消费心理驱动下表现出来的旅游消费爱好，也就是审美、猎奇、探源、寄托、认知、体验、表现、休闲、保健和生命等消费心理驱动下表现出来的旅游消费爱好。作为组团旅游必须做到：在突出主要旅游消费爱好的基础上，尽最大可能满足各种旅游消费爱好。作为组团旅游最值得考虑的是对游客审美消费心理的满足，因为审美消费心理是游客的共同心理，审美消费爱好是游客的共同爱好，旅游的最基本目的就是审美。猎奇、探源、寄托、认知、体验、表现、休闲、保健和生命等消费都以审美消费为基础、为前提，都通过审美消费再实现之。

四、饮食问题

吃是旅游的“六要素”之一，也就是农业旅游的“六要素”之一。

关于农业旅游的“吃”，在上面关于“吃”的设施中已有论述，在此，不再重复。要强调的是，作为农业旅游，必须同时考虑以上饮食问题，为饱腹而吃的“吃”以“饱腹”为度，为解渴而吃的“吃”以“解渴”为度，为品尝而吃的“吃”以“品尝”为度，并应侧重考虑为农趣而吃的“吃”，即通过农趣的“吃”实现“饱腹”“解渴”和“品尝”。值得考虑的是口味问题，即应以大众化口味为基础，兼顾各人之偏好，以使“吃”这一要素得以在农业旅游中圆满。

五、住宿问题

住也是旅游的“六要素”之一，同样也应是农业旅游的“六要素”之一。

关于住宿问题，作为农业旅游应考虑的是床位问题、舒适问题、农趣问题，显然，主要应是农趣问题。

关于床位问题，不外就是宾馆床位数量与旅游人数的相一致。当然，以够数为度。

关于舒适问题，则主要在于游客对居住环境和条件的需求程度。主要反映在宾馆的星级和住房的豪华程度上，即是五星、四星、三星，还是一般宾馆；是标间、单间，还是豪华套间。

关于农趣问题，也就是住宿做到农趣，关键是选择具有农趣成分的“住”，包括硬件部分和软件部分。硬件部分包括宅、房、床，包括被单、枕头、鞋子、浴池、毛巾、牙刷、肥皂、毛梳、桌子、椅子，包括与“住”有关的所有设施。例如，元阳哈尼族人的蘑菇房，就是融入了农趣成分的房屋。

六、交通问题

作为农业旅游，交通问题其实就是运载游客从出发地到旅游目的地的运输工具问题。

运输工具包括飞机、火车、轮船、汽车等，飞机、火车、轮船主要用于长途，汽车主要用于短途，当然也不绝对，更多的旅游是各种运输工具的综合运用。

运输工具对农业旅游有一定的影响。李飞和李雪仪（2013）基于佛山祖庙的调查研究，研究了广佛地铁开通对游客出行交通方式选择的影响；李飞和邓冰心（2013）则基于顺德清晖园的调查分析，研究了广珠城轨开通对游客出行交通方式选择的影响。综合结果表明：一是在交通工具的迅速性、经济性、安全舒适性和便捷性中，短途游客出行方式的选择最受便捷性因素的影响；二是地铁、城轨对于较远距离出游游客有较强吸引力，在这种情况下能充分发挥其运行快速、不拥堵及等候时间短等优点，弥补其便捷性不足的劣势；三是地铁、城轨还不足以吸引人们放弃私家车。尽管他们研究的是地铁和城轨，但足以看到交通工具对旅游、对农业旅游的影响了。

因此，在制订农业旅游活动计划时，必须考虑交通问题，考虑交通工具的迅速性、经济性、安全性、舒适性、服务性和便捷性，并根据实际，做出相应的选择。一般来说，对旅途较远的旅客来说，以迅速性为主要考虑因素，如飞机；对旅途较近的旅客来说，应以便捷性为主要考虑因素，如公共汽车；对蓝领阶层的旅客来说，以经济性为主要考虑因素，如火车、汽车；对白领阶层的旅客来说，还应考虑舒适性和服务性因素；对所有旅客来说，都应考虑安全性因素。

作为农业旅游，毕竟不同于一般的旅游，因此，对运输工具的考虑，除了上述因素外，还应包括农趣问题，而实现的方式主要应是在运输工具上播放与农业旅游有关的音乐和电视，让游客在旅途中就能融入农业旅游的氛围中。

七、用品问题

这里的用品指的是游客在农业旅游的过程中所需要的生活用品和旅游用品。

这些用品包括但不限于衣服、帽子、袋子、鞋子、眼镜、餐纸、旗子等。

作为农业旅游，对这些用品的要求应该是实用、统一、农趣；至于耐用则不必成为考虑的要素。所谓实用，就是这些用品能成为农业旅游的生活用品或旅游用品，衣服能穿，帽子能戴，袋子能提。所谓统一，就是这些用品采用统一的款式、标志，有的还应采用统一的规格。款式、标志统一，会给人以整齐感、团队感，会增强团队精神。所谓农趣，就是这些用品的款式、标志应用农业文化、特别是民俗文化的符号来制作。

基于此，制订农业旅游用品计划，关键把握三点：一是设计具有实用性、统一性、农趣性的用品；二是预制具有实用性、统一性、农趣性的用品；三是配套在品种上、数量上足够的具有实用性、统一性、农趣性的用品。

八、资料问题

这里的资料指的则是游客在农业旅游的过程中所需要的关于旅游景区、景点、景物及其线路的介绍资料。

资料的编印应遵循如下原则：一是说明原则，即所编印的介绍资料应采用说明文这一文体来写。二是简单原则，即所编印的介绍资料应尽可能用常用字和尽可能少的文字，以达到说明为度。三是明了原则，即所编印的介绍资料应能介绍清楚景区、景点、景物和线路，能让人明白。四是生动原则，即所编印的介绍资料应文字生动，文笔流畅，富有文采，具有散文、特别是散文诗的风格。这样，就能极好地吸引游客，让游客在审美的享受中了解景区、景点、景物和线路。五是全面原则，即所编印的介绍资料应全面地介绍所有景区、景点、景物和线路，当然，也不是面面俱到、一一罗列，但主要的、关键的不能漏。六是系统原则，即所编印的介绍资料应通过文字、编排成一个有头有尾、有机联系的体系。

制订农业旅游资料计划，关键则是把握：一是景区、景点、景物和线路的罗列；二是主要景区、景点、景物和线路的选择；三是景区、景点、景物和线路材料的组织；四是景区、景点、景物和线路资料的编写；五是景区、景点、景物和线路资料的印制。

九、形象问题

所谓形象问题，就是参与农业旅游的旅游团队的形象塑造问题。

形象塑造既是形象问题，也是活力问题。无疑，一支形象既别具一格又恰如其分的旅游团队应该是一支充满活力的旅游团队。在这样的旅游团队，成员是友好的、互助的、向上的、积极的、和谐的，是能够充分获得旅游情趣、审美情趣和生活情趣的。

塑造旅游团队形象，使其充满活力，主要应在于形象设计和活力培育。形象设计的实质是用品设计，也就是上面提到的用品设计，做到了这一点，形象自然就塑造起来了。如果说旗子是团队的指挥棒的话，那么，文化符号的运用就可代表团队的形象了。活力培育的关键则是融入生活元素和家庭元素，使旅游团队的每个成员都把农业旅游、把整个旅途作为生活的一个部分、一种形式、一次换位，在旅游中享受生活，在生活中实现旅游；把旅游团队作为农业旅游、整个旅途的家庭形式、家庭存在、家庭换位，在旅游中享受家庭温暖，在家庭温暖中实现旅游。显然，最易被接受、最有魅力的生活元素和家庭元素应是团队成员的地方方言。

制订农业旅游形象计划，关键则是把握：一是文化元素和生活元素的捕捉；二是文化元素的符号化和生活元素的旅游化；三是文化元素和生活元素的有机融入。

十、活动问题

所谓活动问题，就是农业旅游的活动内容问题。

一般来说，活动内容包括景观欣赏、食品品尝、特产购买、文化品读、田园体验和娱乐参与等。

作为农业旅游，必须考虑：一是活动的类型，即是景观欣赏、文化品读，还是食品品尝、特产购买，或是田园体验、娱乐参与；二是活动的数量，如多少个景区、多少个景点、多少个景物、多少种食品等；三是活动的深度，如是工具体验，还是技能体验，或是文化体验。

此后，就是活动内容的实体化，即将以上考虑的要素具体化到每一具体的吸引物中，也就是欣赏什么景观，品读什么文化，品尝什么食品，购买什么特产，体验什么田园，参与什么娱乐。显然，活动内容实体化必须与游客偏好相结合，是游客偏好的具体化。对文化人来说，相对偏好景观欣赏和文化品读；对儿童来说，相对偏好食品品尝；对妇女们来说，相对偏好特产购买；对青少年来说，相对偏好田园体验；对好奇者来说，相对偏好娱乐参与。

这样，制订农业旅游活动计划，关键应把握：一是游客的对象；二是游客的偏好；三是活动的内容；四是活动的实体；五是活动的程度。

十一、时间问题

对农业旅游活动的时间安排，就是要研究的时间问题。

作为农业旅游，时间可分为四大类型：一是整个农业旅游所需的时间；二是旅途所需的时间；三是旅游活动所需的时间；四是休息所需的时间。整个农业旅游所需的时间指的是游客从出发地出发到回到出发地所需的时间；旅途所需的时间指的是游客从出发地到旅游目的地、从此旅游目的地到彼旅游目的地和从旅游目的地到出发地所需的时间；旅游活动所需的时间指的是景观欣赏、文化品读、食品品尝、特产购买、田园体验和娱乐参与等旅游活动所需的时间；休息所需的时间指的是睡觉、用餐、小憩和自由活动所需的时间。显然，第二、三、四类型时间之和应等于第一类型时间。

无疑，作为旅游、作为农业旅游，对第一类时间，应考虑的是游客可能拥有的休闲时间和愿意作为农业旅游的休闲时间；对第二类时间，应考虑的是用尽可能少的时间；对第三类时间，应考虑的是用尽可能多的时间和各项活动的时间安排；对第四类时间，应考虑的是体力、精力恢复所需的充足时间和必要时间，以充足时间为上限，以必要时间为下限。

十二、导游问题

在农业旅游中，对游客的引导、讲解，则是导游问题。

关于引导，包含两层意思：一层是，引导游客到旅游目的地。这就需要让游客了解旅游目的地的方位、环境、气候、特色，特别是与游客旅游消费偏好的吻合度。另一层是，讲解景区、景点等活动内容。这则需要让游客了解景区、景点、景物之美及美的所在，以及美的欣赏视角和鉴赏方法；了解食品、特产的特点、营养、文化和品尝方法；了解田园体验的工具使用、劳动意义和体验情趣；了解娱乐项目的物件、文化和玩法。一般来说，引导应足以引发游客的消费情趣，促成游客的消费计划；讲解则不但足以引发游客的消费情趣，促成游客的消费计划，而且足以让游客掌握消费方法，玩出消费情趣。

这样，自然要求导游讲究礼仪形象。修饰外观、外貌等仪容，为游客提供美丽的视觉享受；注重容貌、举止、姿态、风度等仪表，为游客提供综合的审美享受；规范站姿、坐姿、走姿、蹲姿、手势和表情神态等仪态，为游客提供优雅的行为艺术享受；讲究礼貌用语、文明用语、行业用语、电话用语、口头用语和肢体用语等语言，为游客提供高尚的精神享受。

第四节　农业旅游活动组织

农业旅游活动最终在于组织，在于计划的落实，在于活动的进行，在于游客消费爱好的实现，在于游客消费心理的满足。

一、线路的导游

这里的线路指的是从旅游出发地到旅游目的地，再到旅游出发地的整个旅途路线。线路的导游则指的是这一旅途路线的引导和讲解。

导游的内容：线路的走向、途经、景区、景点、景物、行走时间、交通工具、食住场所以及其相关的人文、地理、气候、经济。

导游的形式：以口头讲解为主，配以相应的资料和视频。口头讲解清楚、生动、深刻、随机；资料讲解明白、具体、准确；视频讲解直观、形象。

导游的要求：对讲解者来说，也就是对导游来说，应该形象民俗化，动作立体化，讲解生动化。即导游应通过穿戴旅游目的地的地方服装，来体现民俗形象；在讲解中通过动作的配合，来体现立体动作；通过全面、系统的描述，通过主题、重点的突出，通过韵律、情趣的运用，来体现生动讲解。对讲解内容来说，也就是对导游的内容来说，应该线路一体化，景区特色化，要素关键化。即讲解应通过线路全面、系统的描述，共同东西的强调，来体现一体化线路；通过景区、景点、景观、景物的描述，特色文化的强调，来体现特色景区；通过要素的情况、规律的描述，特殊例子的强调，来体现关键要素。对游客来说，应该内容明白化，过程情趣化，结果梦想化。即通过全面、系统的讲解，使游客明白、理解线路的内容；通过生动、形象的讲解，使游客进入情趣的过程之中；通过特色、例子的讲解，使游客产生、形成游玩的梦想。

二、景点的讲解

这里的景点指的则是旅游景区的景点、景物。景点的讲解指的则是旅游景区的景点、景物的讲解。

讲解的内容：景点、景物的位置、主题、构成、美的存在、美的表现和美的特殊。

讲解的形式：边走边讲。

讲解的要求与导游的要求基本相同，不同的主要体现在讲解的内容，而讲解的内容又主要体现在美的存在、美的表现和美的特殊。关于美的存在，就是景点、景物美的类型，即属于什么类型的美，如是设施型田园景观，还是阶梯型田园景观。关于美的表现，就是景点、景物美的一般表现形式，如设施型田园景观主要通过林网、棚架和机井等农业设施与农作物的合理组合和和谐统一来表现美，阶梯型田园景观主要通过梯田所形成的作物景观来表现美。关于美的特殊，就是景点、景物美的特殊，即美的具体所在，如哈尼梯田美就美在江河·梯田·村寨·森林四度同构，美就美在天人合一。

三、项目的进行

在景区中，除了景点、景物外，还有吃的、住的、行的、游的、购的、娱的，这些统称为项目。显然，项目进行就是引导、激发游客参与这些项目，消费这些项目，并在这些项目的消费中实现审美，实现享受。

项目进行的关键：关于吃的，主要是口感和特色宣传。例如，对于椰子水，主要是让游客认识、接受它的天然性、绿色性、清甜性和解渴性。关于住的，主要是舒适和特色宣传。例如，对于蘑菇房，主要是让游客认识、接受它的造型、文化和天人合一理念。关于行的，主要是行走技巧和特殊感觉宣传。例如，对于田埂行走，主要是让游客了解、掌握行走技巧。关于游的，主要是游玩方式和田园情趣宣传。例如，对于划竹排，主要是让游客了解、掌握其操作方法和驾驭情趣。关于购的，主要是货真价实和特产稀有宣传。例如，对于苹果，主要是让游客认识、接受它的生态性、绿色性、安全性、优质性和可口性。关于娱的，主要是娱乐方式和民俗情趣宣传。例如，对于绕棋，主要是让游客认识、了解其起源、演变、玩法和情趣。

四、旅途的服务

旅途服务就是从旅游始点到终点的全过程、全方位的服务。不过，这里的服务是狭义的，指的是除导游以外对游客的各种服务，是从生活角度对游客的各种服务，包括吃的、住的、行的、游的、购的、娱的服务。所谓服务，就是提供相应的、必要的、充分的条件，使游客在旅途中实现理想的吃、住、行、游、购、娱。

叶欣梁等（2014）以上海吴淞口国际邮轮港为例，探析了中国邮轮母港旅游服务接待标准，具体探析了包括管理主体、邮轮规划、邮轮港建设、经营管理活动、服务管理、人员管理、安全管理、应急管理和监督检查等内容在内的服务管理标准，包括交通服务、公共信息标志系统、显示系统、问询系统、公众广播、公众告示、客运大楼空间、客运大楼舒适度、客运大楼清洁度、旅游运输系统、洗手间、动力能源系统、弱电系统、办公环境和设施、工作人员等内容在内的服务质量标准，包括行李手推车、联检、办理乘船手续、安全检查、游客登轮、游客到达、零售餐饮、套房与贵宾休息室、特殊游客服务、其他服务、邮轮不正常服务和游客意见投诉等内容在内的游客服务质量标准等结果表明，服务接待标准越高，越受旅客欢迎。

当然，叶欣梁等探析的是邮轮母港旅游服务，这与农业旅游的旅途服务应有所区别。不过，既然都是旅游，自然会有许多共同之处，更会有值得借鉴的地方，下面的例子足以说明这一点。坐落于海口近郊 30 千米三江镇的凤生香草园，取名“凤凰涅槃，浴火重生”，引种各类香草植物 70 余种，包括薰衣草、迷迭香、百里香、罗勒、鼠尾草、香蜂草、牛至、甜菊、天竺葵、柠檬香茅、薄荷、依兰、花梨木、沉香等，通过广泛宣传“闻香、识香、用香”的全新健康生活理念，提供时尚休闲体验服务，极大地吸引了游客，于试营业的当年 2007 年便接待游客 5 000 多人，并以年均接待游客

200%的速度递增。

显然，要做到这一点，包含三方面的工作：一是让游客充分地认识、了解服务的内容和服务的特色，使服务成为游客的向往和选择；二是提供相应的、必要的、充分的设施；三是提供全方位的、全过程的服务；四是提供优质的服务，使服务成为游客实现理想的吃、住、行、游、购、娱的方式。

五、灵活的应变

计划是活动的安排，然而，再周密的计划都会由于种种意想不到的事情而显得不周密。因此，在农业旅游活动组织中，还必须学会灵活应变。

一般来说，变化的情形有三；一是活动内容变化。如原计划购买的农产品没有了，这一活动内容自然要改变；二是旅游设施用完或损坏了。如原计划用竹竿来采摘水果的竹竿被其他游客用完了，这一活动项目自然也要改变；三是游客游玩情趣改变。原不计划安排游客玩绕棋的，但却有一些游客提出要玩，这就自然需要应对。

当出现第一、二种变化的时候，作为导游，适当地解释一下原因是必要的，但更值得做的是千方百计地引发游客的其他旅游情趣，将游客的吸引力吸引过去，通过其他旅游资源来填补这些时间空间，满足游客的旅游情趣，使游客不因这些留下遗憾。

当出现第三种变化的时候，则应该尽最大可能地满足游客产生、形成的新情趣。然而，若不具有满足游客新情趣的条件时，则应该继续千方百计地引发游客的原游玩情趣，使游客能进行原来计划的旅游活动，在这些活动中满足旅游情趣；或像出现第一、二种变化那样去做。总之，不留下空档、遗憾，应是导游的职责，而不是客观条件的要求。

六、生活的融合

从某种意义上可以说，旅游是一种生活方式，农业旅游也是一种生活方式。

被誉为“中国第一水乡”的周庄，位于苏州市东南 38 千米，因寺而镇，1989 年开始发展旅游，已成为国家首批 AAAAA 级旅游景区。游客从 1989 年的 5.5 万人上升到 1997 年的 80 万人，再上升到 2012 年的 350 万人；旅游收入从 1989 年的 20 万元增加到 1997 年的 1.9 亿元，再增加到 2012 年的 18.5 亿元。到 2011 年，外来暂住人口 9 138 人，占当地常住人口的 29.2%；旅游移民 2 061人，占镇域总人口的 9.3%。在旅游移民中，文化传统、亲人关系、乡缘关系是其存在的主要原因。因此，在农业旅游中应充分地融入生活的元素，使其生活化。

首先，树立相互信任感。信任是融合的基础，猜疑只会产生隔阂。作为导游，应时刻关注着各位游客的思想动向，一发现误会、猜疑、摩擦，就应在有形无形中加以引导、解释，及时地消除误会、猜疑、摩擦，使大家互相信任，在信任中旅游，在旅游中享受生活。

其次，灌输生活方式观。作为导游，还应以拉家常的方式，积极地向游客灌输生活方式观，让游客充分地认识到旅游只是生活的一种方式，是生活的旅游化，是生活时间和空间的一种变化——以旅游的方式存在和表现。

最后，融入生活元素。理想的家庭应是友好的、互助的、情趣的、向上的、积极的、和谐的，因此，在农业旅游中，在农业旅游的团队中，就应该有机地融入友好、互助、情趣、向上、积极、和谐等元素，使每位成员都在和谐的氛围中感觉到家庭的存在、生活的情趣，在旅游中生活，在生活中旅游。

第六章　农业审美产品营销

对农业旅游部门来说，农业旅游的核心问题就是农业审美产品的营销问题。

第一节　农业审美产品简述

农业审美产品，指的是以农业动植物及其赖以生存和发展的土地、田园、水域和环境，乃至整个农村地区（包括农村地区的道路、城镇、集市、村庄、厂矿和自然环境等）为载体，进行农业劳动主体革命、农业劳动对象革命、农业劳动工具革命、农业劳动技能革命、农业劳动过程革命、农业劳动产品革命、农业劳动观念革命，通过载体各构成要素的各自的“宜人”外观及其按照美学规律合理地排列和组合，创造农业美，特别是通过田园景观化、村庄民俗化、自然生态化的实现，生产出来的既能满足人们物质需求，又能满足人们审美需求的产品。

关于农业审美产品，还可从下面三方面作进一步的理解。

一、农业审美产品是一种产品

产品，是“劳动产品”的简称。《简明社会科学词典》对产品的定义是：为人们有目的的生产劳动所创造，能满足人们某种需要的物品。粮食，是人们有目的地从事粮食生产劳动创造出来的，能满足人们果腹需要的物品，是产品；水果，是人们有目的地从事水果生产劳动创造出来的，能满足人们营养和品尝需要的物品，是产品；等等。

美观的产品，如多彩玉米，五光十色，很为美，是人们有目的地从事美观产品生产劳动创造出来的，能满足人们物质需求和审美需求的物品，也应该是产品；健美的植株，如盆景苹果，多彩多姿，很为美，是人们有目的地从事健美植株生产劳动创造出来的，能满足人们审美需求的物品，还应该是产品；美化的田园，如观光农园，风光如画，很为美，是人们有目的地从事美化田园生产劳动创造出来的，能满足人们审美需求的物品，仍应该是产品；等等。一句话，美观的产品、健美的植株和美化的田园等这些农业审美产品也是一种产品。

二、农业审美产品是一种服务产品

李江帆教授在《第三产业经济学》一书中对服务产品进行了论述，认为司机开车、医生看病、教师上课和演员表演等服务产品是非实物形态的劳动成果，不具有静止质量，没有一定的体积，具有可叠加性。

农业审美产品虽然也具有粮食、水果、手表和电视机等产品之共性，也就是也具有实物形态劳动成果能满足人们物质需求之共性，但是，其同时还具有司机开车、医生看病、教师上课和演员表演等产品之特性，就是还具有非实物形态劳动成果能满足人们精神需求之特性，即农业审美产品又是一种服务产品。下面的论述将充分地证明这一点。

首先，也没有静止质量。农业物质产品如稻谷、香蕉、甘蔗和猪、牛、羊等，也与其他物质产品一样，由实物粒子组成，其所含物质的量等于组成实物各种基本粒子质量的总和，都具有一定的静止质量，可用测量质量的基准单位如吨、千克、克等表示，如1 000克稻谷、100 千克香蕉等；而农业审美产品则不同，也与其他服务产品一样，不具有静止质量，不能用测量质量的基准单位来表示。

其次，也没有一定的体积。农业物质产品如稻谷、香蕉、甘蔗和猪、牛、羊等，也与其他物质产品一样，由分子构成，分子间距的大小和分子数量的多少，就决定了其体积的大小。如徐闻山羊，成年公羊体高 46～69 厘米，体长 48～69 厘米，胸围 53～86 厘米，管围 7～11 厘米；成年母羊体高 45～67 厘米，体长 45～74 厘米，胸围 55～82 厘米，管围 7～10 厘米。这些就是徐闻山羊体积的尺寸。而农业审美产品则不同，也与其他服务产品一样，不存在任何分子，自然不存在分子间距和分子数量，也就无所谓体积了。例如，徐闻山羊的形体美，是不能用度量体积的尺寸来表示的。

最后，具有可叠加性。所谓可叠加性，指的是在同一空间可同时存放两种或两种以上的产品的特性。农业物质产品如稻谷、香蕉、甘蔗和猪、牛、羊等，也与其他物质产品一样，具有一定的质量和体积，不能同时占据同一空间，即不具有可叠加性。例如，在同一块田园，种了稻谷，就不能种香蕉了；在同一间仓库，堆放了稻谷，就不能堆放香蕉了。读到此，读者也许会问，作物间套种不是在同一块田地上种植两种或两种以上作物的吗？如甘蔗和花生间套种就是这样。不过，间套种的农作物其实是不同作物占据不同空间，如甘蔗和花生间套种，花生占据的是甘蔗与甘蔗大行之间的空间，即实际虽是同一田块，却是同一田块的不同的空间。而农业审美产品则不同，也与其他服务产品一样，由于没有质量和体积，可同时与其他服务产品占据同一空间，即具有可叠加性。例如，在旅游农业观光景点，可同时播送音乐，即将农业审美产品与音乐产品叠加在一起。

三、农业审美产品是一种特殊的服务产品

农业审美产品不但具有服务产品之共性，而且具有其本身固有的个性，还是一种特殊的服务产品。

作为特殊的服务产品，农业审美产品首先具有依附性。所谓依附性，就是农业审美产品必须以农业动植物及其赖以生存和发展的土地、田园、水域和环境，乃至整个农村地区（包括农村地区的道

路、城镇、集市、村庄、厂矿和自然环境等）为载体，并以这一载体的存在而存在、发展而发展的特性。产品美必须依附于产品之上；植株美必须依附于植株之上；田园美必须依附于田园之上，甚至必须依附于周边整个农村地区之上。而其他服务产品却不一定存在依附性。

其次农业审美产品具有常变性。所谓常变性，就是农业审美产品经常发生变化的特性。作物植株从发芽到出苗到长叶到拔节到分枝到开花到结果是一个过程，更是一个不断变化的过程。因此，依附于作物植株之上的植株美也势必随之不断变化，即从作物植株美之变化，足可见农业审美产品具有常变性。而其他服务产品则往往不具有常变性，而具有非常变性。所谓非常变性，就是有的服务产品一旦生产出来就往往不再或几乎不再发生变化的特性。例如，一部电影，尽管在拍摄的过程中千锤百炼，反复修改，又剪又接，但是一旦拍摄成功，制成拷贝，就定型了。当然，也有个别影片有两种或两种以上版本的，但那毕竟是个别情况，没有代表性。

最后农业审美产品具有模糊性。所谓模糊性，就是农业审美产品的外延界线模糊不清的特性。农业审美产品以农业动植物及其赖以生存和发展的土地、田园、水域和环境，乃至整个农村地区为载体，这就使其外延界线模糊不清，即其外延界线是到田园边缘为止，还是到田园四周环境边缘为止，或是到乡村的什么分界线为止？这是无法界定的，特别是乡村是广阔的，乡村与城市又是相联的。而其他服务产品由于没有一定的质量和体积，故其外延界线也是模糊的，但相对于农业审美产品来说却又是可以粗略界定的。

第二节　农业审美产品市场

一、农业审美产品市场的内涵

什么是农业审美产品市场？笔者认为，农业审美产品市场应该是农业审美产品生产者、经销者、消费者和管理者共同驱动下形成的农业审美产品交换关系的总和。

农业审美产品的生产者、经销者、消费者和管理者是农业审美产品市场形成的四要素。生产者将美观的产品、健美的植株和美化的田园等农业审美产品生产出来，是农业审美产品市场存在和形成的条件；经销者将美观的产品、健美的植株和美化的田园等农业审美产品推向市场，是农业审美产品市场存在和形成的链条；消费者将美观的产品、健美的植株和美化的田园等农业审美产品加以消费，是农业审美产品市场存在和形成的动因和归宿；管理者将生产者之生产、经销者之经销、消费者之消费加以管理、约束、规范，形成和谐的统一体，推动农业审美产品市场理性、规范、有序、健康地向前发展，是农业审美产品市场的灵魂。

农业审美产品的生产者、经销者、消费者和管理者又通过相互关系形成农业审美产品市场。生产者在消费者的需求的拉动下，生产美观的产品、健美的植株和美化的田园等农业审美产品，通过经销者链接市场，销到消费者中，为消费者所消费；管理者则使生产者在管理、约束、规范中生产，使经销者在管理、约束、规范中经销，使消费者在管理、约束、规范中消费，并使这三者形成和谐的统一体——农业审美产品市场。

随着人们生活水平的提高，闲暇时间的增多，农业审美产品消费的需求，农业审美产品逐渐进入有意识生产阶段。观光农业的兴起就是最好的例证。无疑，随着美学农业的兴起，农业审美产品的有意识生产将在范围上更广，在深度上更深，在内容上更多，在社会上更显。

农业审美产品市场正在逐渐形成，但是，并不是始于农业开始产生、形成之时，而是始于观光农业开始产生、形成之时，并将随着美学农业的产生、形成、发展，而逐渐走向成熟。

二、农业审美产品市场的特征

农业审美产品是一种特殊的服务产品，其市场自然有其固有的特征。

（一）场地的田园性

所谓场地的田园性，指的是农业审美产品市场以田园为产品交易的场地的特征。

农业审美产品具有依附性，即必须以农业动植物及其赖以生存和发展的土地、田园、水域和环境，乃至整个农村地区（包括农村地区的道路、城镇、集市、村庄、厂矿和自然环境等）为载体，并以这一载体的存在而存在、发展而发展。因此，农业审美产品的生产、销售和消费只能在田园，也就是场地具有田园性。

农业审美产品市场的田园性在其他市场中往往是不具有的。农产品市场也好，钢材市场也好，百货市场也好，文具市场也好，往往都是建在城镇里，建有楼房，设有档口，置有货架，放有产品，即使是当下时兴的网络市场，也是在房屋里、电脑旁操作。

（二）产品的非实物性

所谓产品的非实物性，指的是农业审美产品市场所经营、销售的农业审美产品是非实物产品的特征。

农业审美产品市场所经营、销售的产品自然是农业审美产品，是美观的产品、健美的植株、美化的田园，是多彩的玉米、盆栽的苹果、观光的园区。这些农业审美产品，是服务产品，是非实物形态的劳动成果，没有静止质量，没有一定的体积，具有可叠加性。因此，农业审美产品市场所经营、销售的农业审美产品具有非实物性。

农业审美产品市场的非实物性在其他市场中往往也是不具有的。农产品市场也好，钢材市场也好，百货市场也好，文具市场也好，经营、销售的产品都是实物形态的劳动成果，都有静止质量，都有一定的体积，都没有可叠加性。

（三）时间的季节性

所谓时间的季节性，指的是农业审美产品市场所经营、销售的农业审美产品在时间上呈现出比较明显的季节性的特征。

农业生产是自然再生产和经济再生产的过程，无不受到土壤、气候、水和生物的作用，特别是在气候的影响下呈现季节性。

农业审美产品市场的季节性在其他市场中往往同样是不具有的。钢筋和钢板等钢材一年四季都可生产、销售和消费，因此，钢材市场没有季节性；毛巾、脸盆、牙刷和衣架等百货一年四季也都可生产、销售和消费，因此，百货市场也没有季节性。

（四）地区的差异性

所谓地区的差异性，指的是农业审美产品市场所经营、销售的农业审美产品在地区上存在和表现比较明显差异的特征。

由于不同地区的土壤、气候、水和生物等农业自然资源的不同，特别是气候的不同，加上农业生产又无不受到这些因素的影响，因此，不同地区的农业生产不同，农业生产呈现出地区差异性。都是制糖原料的甘蔗和甜菜，甘蔗适宜于种植在热带和亚热带地区，甜菜则适宜于种植在温带地区，这就是热带和亚热带地区与温带地区在种植制糖原料上的差异。农业审美产品市场自然具有地区差异性，具体就是甘蔗审美产品市场只能存在于热带和亚热带地区，甜菜审美产品市场只能存在于温带地区。

其他审美产品市场有的所经营、销售的审美产品也存在地区差异性，如黄山与都是山水的泰山、庐山的景观就不同，其以奇松、怪石、云海、温泉之四绝而闻名于世；不过，更多的所经营、销售的审美产品却不存在地区差异性。至于其他实物产品市场所经营、销售的实物产品更是不存在地区差异。

（五）交换的导游性

所谓交换的导游性，指的是农业审美产品市场通过导游的导游来经营、销售农业审美产品的特征。

大凡市场都存在交换，抑或是生产者与消费者直接交换，抑或是通过中介间接交换。在间接交换中，中介往往是经销者、零售商、代销商、批发商，但在农业审美产品市场中，中介则是导游。在农业观光园区，游客的组织是导游，景观的介绍是导游，价值的实现是导游。农业审美产品市场具有交换的导游性。

（六）交易的多次性

所谓交易的多次性，指的是农业审美产品市场所经营、销售的农业审美产品可进行多次、重复的交易的特征。同一农业审美产品可同时销售给多个消费者，也可不同时多次销售给同一消费者。

农业审美产品具有依附性，依附于农业动植物及其赖以生存和发展的土地、田园、水域和环境，乃至整个农村地区，并且一直依附着，并随着载体变化而变化，且不因经营、销售、消费而改变，更不会转移到消费者之中。因此，同一农业审美产品可同时被多个消费者所消费；同时，同一农业审美产品又可反复多次被同一消费者所消费。

其他市场、特别是实物产品市场所经营、销售的产品、特别是实物产品，如上面提到的钢筋和钢板等钢材、毛巾、脸盆、牙刷和衣架等百货，并不依附于什么东西，而是直接以自身存在，因此，一旦交易形成，便由生产者或经销者的手中转到消费者手中，也就是不再可以经营、销售，即不具有交易的多次性。

第三节　农业审美产品消费

营销的归宿是消费。因此，要营销农业审美产品，必须研究、了解农业审美产品的消费。

一、购买

购买，指的是直接或通过货币等价体，将产品及其所有权由生产者或经销者转移到消费者的过程。

购买是实物产品的主要消费形式，普遍存在于实物产品的消费中。消费者到市场上，通过支付货币给小商贩，将小商贩的蔬菜买过来，这一行为及其过程就是购买。

农业审美产品虽是非实物形态的服务产品，但同样存在购买的消费形式。当然，并不是所有都可以以购买的形式消费，而能以购买的形式消费的只可能是依附于农产品和盆栽的、离开田园的作物植株的农业审美产品，依附于农产品之上的农业审美产品如方形西瓜和长字苹果等，依附于盆栽的作物植株的农业审美产品如盆景苹果和盆景蔬菜等。

这些农业审美产品在消费中，或在购买中，是连同其所依附的实物产品，即农产品或作物植株，一起被消费，或被购买的。

二、观赏

观赏，指的是则是对农业审美产品审美存在和表现的欣赏。

既然是农业审美产品，自然可观赏，即可以观赏的形式来消费。上面提到的农产品审美产品、盆栽和插植的作物植株审美产品可以观赏的形式来消费。当然，更可以、应以观赏的形式来消费的农业审美产品的是田园审美产品、自然审美产品、人文审美产品、村庄审美产品，即田园风光、自然风光、人文景观、乡村景观。

人们观赏的是视觉所能直接感受到的农业审美产品外观，包括大小、形状、色彩、线条、文字和图案。圣女果通过果实的小化——由一般番茄的拳头一般大小变成拇指一般大小——给观赏者以美感；方形西瓜通过果实的方化——由传统西瓜的圆形或椭圆形变成方形——给观赏者以美感。

购买农业审美产品，不但消费农业审美产品，而且消费其所依附的农业物质产品，如购买长字苹果，不但消费“福”“寿”“禄”等文字所表现的文化，而且消费其所依附的苹果；而观赏农业审美产品，则只消费农业审美产品，而不消费其所依附的农业物质产品，如观赏长字苹果，只消费“福”“寿”“禄”等文字所表现的文化，而不消费其所依附的苹果。

三、品尝

品尝，就是通过对农业审美产品所依附的载体的消费，从中感受味道的过程。

能够被消费农业审美产品载体的农业审美产品只有农产品审美产品，即只有农产品能够被消费。不过，这里的农产品并不仅仅限于籽粒（如水稻、小麦等）、果实（如香蕉、荔枝等），而还应包括叶片（如白菜、芦荟等）、茎秆（如甘蔗、芥菜等）、花朵（如百合、无花果等）、块根（如甘薯、葛薯等）、畜牧产品（如猪、牛等）和水产品（如鱼、虾等）。

通过消费农业审美产品载体、也就是农产品可以品尝出各种味道。通过消费西瓜可以品尝出甜的味道，通过消费酸豆可以品尝出酸的味道，通过消费苦瓜可以品尝出苦的味道，通过消费辣椒可以品尝出辣的味道。

尽管这样，品尝农业审美产品和农产品仍然存在不同。主要表现在：一是品尝农业审美产品首先通过外观的美感引发来进行，而品尝农产品则往往是由于营养需求和味道品尝需求引发来进行。

二是品尝农业审美产品往往是在田园中进行，而品尝农产品则往往不是在田园中进行。品尝长字苹果可在家宅里、酒家里、市场里进行，但是，更主要的、更多次的场所却是在田园中进行，特别是在美丽如画的农业观光园、采摘园中进行；而品尝一般的苹果虽也有在田园中进行的，但是，更主要的、更多次的场所却是在家宅里、酒家里、市场里进行。

三是品尝的农业审美产品往往是自己的劳动成果，而品尝的农产品则往往是他人的劳动成果。人们所品尝的长字苹果往往是农业观光园、采摘园亲自采摘的，或在市民农园亲自种植的；而所品尝的一般苹果却往往是从市场里购买回来的。

四、品读

品读，则是对农业审美产品的深层理解、感悟。

所有农业审美产品都可以以品读的方式消费。因为所有农业审美产品都有内涵，问题只是内涵的含义及其深度不同而已。

品读农业审美产品从表观欣赏开始。农业审美产品表观是农业审美产品的外在表现。“福”“寿”“禄”等文字是长字苹果的外在表现，奥运五环则是奥运西瓜的外在表现。因此，品读长字苹果从欣赏“福”“寿”“禄”等文字开始，品读奥运西瓜则从欣赏奥运五环开始。

品读农业审美产品要品读的并不是“表观”，而是“表观”所表现和反映的内涵。不过，内涵一般包含两个层面：一是文化层面。所谓文化层面，就是农业审美产品表观所表现、反映的文化。二是哲理层面。所谓哲理层面，则是农业审美产品的本质。长字苹果美的本质是“福”“寿”“禄”等文字的存在及其内涵，即只要苹果“长”有字，并且具有人们所期望的内涵，都会成为农业审美产品，都具有欣赏、品读意义。

五、学习

农业既是一个传统的产业，也是一个大产业，蕴藏着许多值得人们、特别是青少年学习的知识。当这些以审美的形式存在和表现的时候，就是农业审美产品；而当人们消费这些农业审美产品的时候，则是农业审美产品以学习的形式被消费。

六、体验

农业既蕴藏着许多值得人们学习的知识，也存在着许多值得人们体验的东西，如农舍审美产品、农业劳动工具审美产品、农民生活用具审美产品、农业劳动审美产品和农民生活与活动审美产品等。

蘑菇房是农舍，可体验居住情趣，可体验与高楼大厦居住不同的情趣；锄头是农业劳动工具，可体验农业劳动工具使用情趣，可体验与木棒使用不同的情趣。

七、养生

田园养生，指的是以田园为生活空间，以农作、农事、农活为生活内容，以农业生产和农村经济发展为生活目标，回归自然、享受生命、修身养性、度假休闲、健康身体、治疗疾病、颐养天年的一种生活方式。

最能采用养生形式来消费的农业审美产品是农业劳动工具审美产品、农民生活用具审美产品、农业劳动审美产品和农民生活与活动审美产品。上面提到的锄头使用和锄地既是一种体验、一种情趣，也是一种锻炼、一种康体。

八、生活

田园生活，指的是将田园作为庭院的延伸，作为庭院的有机组成部分，建成庭院化的田园，建成田园化的社区，成为人们日常生活的空间和场所，并将农耕活动作为日常生活的主要内容之一。

不过，最能采用生活形式来消费的农业审美产品是农民生活与活动审美产品和农业劳动审美产品。上面提到的锄头使用和锄地同样既是一种体验、一种情趣，也是一种锻炼，还是一种活动、一种生活，当然也是一种农业审美产品消费。

第四节　农业审美产品营销

生产农业审美产品的最终目的，在于不断地满足人们日益增长的物质需求和审美需求，特别是审美需求。而要实现这一目的，必须根据人们的需求，采取相应的营销策略。

一、时间上的营销

农业审美产品市场具有季节性，因此，在农业审美产品的营销中，必须根据这一特性来进行。这就是时间上的营销。

农业审美产品市场的季节性既表现在造别上，也表现在生长周期上。这样，在农业审美产品的营销中，既要考虑造别的季节性，也要考虑生长周期的季节性。对热带地区的“稻—稻—菜”耕作制来说，就应该分别营造早稻田园景观、晚稻田园景观、蔬菜田园景观。对生长发育期经过萌芽、幼苗、分蘖、伸长和工艺成熟等五个生长发育阶段的甘蔗来说，则应分别在这些时期营销萌芽期甘蔗审美产品、幼苗期甘蔗审美产品、分蘖期甘蔗审美产品、伸长期甘蔗审美产品和工艺成熟期甘蔗审美产品。

事实上，在时间上最有营销价值的应是营销正常季节上没有的农业审美产品，也就是反季节的农业审美产品。例如，桃树一般春季开花，但若通过温室、大棚和栽培技术等使其冬季开花，其形成的桃花景观自然更能吸引大家的眼球。

二、空间上的营销

农业审美产品具有地区的差异性，因此，在农业审美产品的营销中，也必须根据这一特性来进行。这就是空间上的营销。

农业审美产品空间上的营销，对制糖原料来说，应是在适宜种植甘蔗、生产甘蔗的热带、亚热带地区营销甘蔗审美产品，在适宜种植甜菜、生产甜菜的温带地区营销甜菜审美产品。

在空间上最有营销价值的是反空间的农业审美产品。通过温室、大棚和栽培技术等，使适宜在热带、亚热带地区种植的甘蔗种植于温带地区，使适宜温带地区种植的甜菜种植于热带、亚热带地区，从而实现在温带地区生产、营销甘蔗审美产品，在热带、亚热带地区生产、营销甜菜审美产品，这样更能吸引游客。

三、对象上的营销

所谓对象，就是农业审美产品。所谓对象上的营销策略，就是根据农业审美产品的特点进行相应的营销。

农业审美产品多种多样，可分为农产品审美产品、作物植株审美产品、田园审美产品、自然审美产品、人文审美产品、农舍审美产品、村庄审美产品、农业劳动工具审美产品、农民生活用具审美产品、农业劳动审美产品、农民生活与活动审美产品和乡村审美产品等。

农产品审美产品以农产品为载体，依附于农产品之上，如圣女果和多彩玉米等。由于农产品既可存在于作物植株和田园之上，也可离开作物植株和田园，前者就是未收获的农产品，后者则是已收获的农产品。这样，在营销上既可在田园上进行，也可在田园外进行，既可在当地进行，也可在外地进行，当然，更多的则是在田园上、在生产农产品审美产品的田园上进行。因为田园上营销，不但可让消费者欣赏农产品审美产品与田园风光，而且可为消费者提供田园情感的消费空间。

作物植株审美产品以作物植株为载体，依附于作物植株之上。尽管其主要存在于田园之中，但是，有的也可离开田园，如盆景苹果和盆景蔬菜等。因此，其营销的情形与农产品审美产品基本相同。

农业劳动工具审美产品以农业劳动工具为载体，依附于农业劳动工具之上，如石锄和铁锄等。农业劳动工具是可移动的，即农业劳动工具审美产品可营销的空间很多，田园里可以，村庄里可以，展馆里可以，市场里可以。尽管这样，最理想的空间还是田园。因为只有田园，才能使农业劳动工具的功能得到淋漓尽致的表现和发挥，才能为消费者提供理想的消费空间和方式。

可移动的农业审美产品还有农民生活用具审美产品，如碗和筷等。不过，农民生活用具审美产品不像农业劳动工具审美产品那样，以田园为理想的存在和表现空间，而是以农家院为理想的存在和表现空间。

北京昌平苹果主题公园和“菠萝的海”等田园审美产品、泰山和九寨沟等自然审美产品、寺庙和祠堂等人文审美产品、四合院和吊脚楼等农舍审美产品、华西村和大寨等村庄审美产品是固定、不可移动的，存在和表现于其所在的土地上。这样，销售这些农业审美产品，只能到当地去，在当地进行。

锄地和收割等农业劳动审美产品，吃、穿、住、行和祭神等农民生活和活动审美产品则是以动态的形式存在和表现的农业审美产品，不具体固定于某一时空中，却主要存在和表现于乡村中。锄地和收割等农业劳动就在田园中进行，而吃、穿、住、行和祭神等农民生活和活动则存在于乡村中，因此，经营、销售这些农业审美产品，自然只能在其中进行。

最后要谈的自然是乡村审美产品，它以乡村为载体，依附于乡村之中，包括了以上所有农业审美产品在内，是各种农业审美产品的综合存在和表现形式。无疑，乡村审美产品只能在乡村中经营、销售。

四、方式上的营销

所谓方式上的营销，则是根据农业审美产品的消费形式进行的营销。

农业审美产品的消费形式有购买、观赏、品尝、品读、学习、体验、养生和生活等，即农业审美产品可采用以上相应的方式进行营销。

彭宗波等（2014）的研究表明，体验营销可分为如下五种：一是感官营销。即根据消费者的感官需求进行营销，让消费者摸得到、闻得到、听得到、吃得到，在摸、闻、听、吃中感受、体验，引发情趣，愉悦心情，实现审美。让消费者亲自采摘水果就是感官营销。二是情感营销。即培育消费者的爱好，使其对某些事物产生好感，从而引发其消费欲望，促成其实现消费。通过宣传、解说，让消费者知道其采摘的水果是绿色的、无公害的，从而促成其购买，这就是情感营销。三是思考营销。即提供问题，让消费者带着问题去观赏、品尝、品读、购买、消费农业审美产品。显然，这一营销方式特别适合寺庙和祠堂等人文审美产品。四是行动营销。也叫参与营销，即让消费者参与进去，从而进行消费。这一营销方式特别适合农业劳动审美产品和农民生活与活动审美产品。五是关联营销。即利用消费者的心理与社会、文化互动的关系进行营销。口碑树立和利用就是关联营销的途径之一。

五、渠道上的营销

渠道上的营销，指的是通过各种不同的、相应的渠道，营销农业审美产品。

赵洁等（2014）对山西五台山、浙江普陀山、四川峨眉山和安徽九华山等四大佛教名山的营销渠道进行了对比研究，即对五台山的以保守营销为主的渠道、普陀山的直接对散客营销的渠道、峨眉山的以建设旅游专营店为主的渠道和九华山的主打大众传媒的渠道进行了对比研究。结果表明：以保守营销为主渠道的特点：一是与旅行社合作；二是与佛教协会合作；三是领导参加各种国内外会议或展览，直接进行宣传。直接对散客营销渠道的特点：一是与旅行社合作；二是与散客直接营销；三是与社会各企业合作。建设旅游专营店为主渠道的特点：一是建设旅游专卖店；二是联合和一体化经营；三是网络营销。主打大众传媒渠道的特点：一是与强势媒体合作，突出大众传播；二是网络营销；三是营销创新。结果表明：一是各种营销渠道都各有所长，也各有所短；二是四大佛教名山所采用营销渠道都适合其旅游产品的营销；三是营销渠道越多其效果越好。

农业旅游也是旅游，农业审美产品也可作为农业旅游产品。因此，基于赵洁等的研究，在农业审美产品营销渠道的选择上，就应该做到两点：一是根据实际选择、采用相应的营销渠道；二是营销渠道应该尽可能多样化。

六、介质上的营销

这里的介质，指的是农业审美产品营销上所借助的宣传载体。

可以作为农业审美产品营销宣传的载体有许多，会议、标语、匾额、宣传栏、资料、报纸、杂志、书籍、电影、电视、广播、碟片和网络等都可以。

任何一种介质的存在就意味着其价值的存在及其不可替代性，也意味着其存在的不足及其可替代性，即有其所长，也有其所短。会议营销具有权威性、号召性；标语、匾额营销具有好记性、鼓动性；宣传栏营销具有集中性、专业性；资料营销具有针对性、准确性；报纸、杂志、书籍营销具有广谱性、知识性；电影、电视营销具有大众性、形象性；广播营销具有广泛性、随意性；网络营销具有选择性、比较性。

在这些营销介质中，会议、标语、匾额、宣传栏、资料、报纸、杂志、书籍、广播可算是传统的介质，电影、电视、碟片可算是近代的介质，网络则可算是现代的介质。因此，在当今，应充分地利用网络这一宣传介质。在利用上，则应充分地发挥其选择性、比较性的特点，千方百计地提高其信息量、可信度、联通性和权威性，以更好地服务于客户，实现农业审美产品的营销。

王尚坤等（2014）的研究表明：①旅游网络营销可以超越时空限制进行信息交换，精确度高、更新、传递迅速；②旅游网络营销可以集中图文、声音等各种媒体的传播形式，创造出虚拟环境，立体化地传播旅游信息；③旅游企业可使用网络站点、电子信件以及其他经营活动适合于个体客户的需要，适应不同年龄、地点和不同爱好者的个体消费者：④旅游网络营销具有高度的整体性，可以将旅游产品生产、售价、渠道、促销、市场调研、咨询、交易、结算、投诉等所有旅游事务进行统一的设计规划和协调实施，以统一的传播咨询向消费者传达信息、避免不同传播中不一致性产生的消极影响。杨娜等（2013）的研究则表明：网络口碑在景区营销沟通、形象塑造、顾客管理、市场动态掌控等方面都有着很重要的作用。

七、价格上的营销

一是根据市场，合理制定。当市场稀缺时，可适当提高农业审美产品的价格，不过，应与人们的生活水平、消费水平，特别是休闲水平相一致；当市场正常时，则应使农业审美产品的价格基本反映价值，即使波动，其幅度也不宜过大；当市场疲软时，则应适当降低农业审美产品的价格，以能轻微营利或保本为度。

二是政府定价。即在必要的时候，为了稳定农业审美产品的价格，由政府对一定范围内的某些农业审美产品进行定价，将其价格确定在某一水平或某一范围，以确保消费者的利益。

三是政府指导价。即在必要的时候，为了使农业审美产品的价格比较符合价值，由政府对一定范围的某些农业审美产品出台指导价，供生产者和消费者约束，供经销者参考。

四是价格自律。即农业审美产品生产行业为了维护本行业的共同利益，使相互间都能在有所盈利或合理盈利的基础上发展美学农业，生产农业审美产品，共同出台一个供相互间参考、遵从的价格，既相互约束，又共同发展。

五是其他方法。例如，对新开发的农业审美产品还可采用导向定价法、尖峰定价法等，以提高效益。

第七章　农业旅游企业管理

农业旅游企业是农业旅游的载体。要发展农业旅游，必须建好农业旅游企业，而建设的核心问题却是管理问题。

第一节　农业旅游企业的类型

什么是农业旅游企业？笔者认为，农业旅游企业应该是一种从事农业旅游活动的经济实体。

从不同的角度，可以将农业旅游企业分成不同的类型。这里，根据农业审美产品的生产和经营情况，将农业旅游企业分成三大类型。

一、生产农业审美产品的农业旅游企业

生产农业审美产品既可自销，也可他销，既可满足自身的需求，也可满足他人的需求。为了他销，或为了满足消费者、也就是游客需求的农业审美产品生产的实体，就是农业旅游企业了。

这类农业旅游企业生产的农业审美产品既包括美观的产品，也包括健美的植株，还包括美化的田园，甚至包括民俗化的村庄和生态化的自然。尽管这样，却往往以生产美观的产品为主，且其产品大多以离开作物植株、离开田园的形式存在。

这类农业旅游企业尽管也有不少上规模的，但是，数量更多的却是以单家独户为单位。原因有二：一是尽管我国大力发展农村规

模经营，但是，主要的经营基本单位仍然是农户，即农户在目前、乃至在今后一段时期内仍然是农村经营的基本单位；二是这类农业旅游企业以生产美观的产品为主，如果说生产长字苹果之类的农业审美产品还需要有点规模的农业旅游企业来进行的话，生产圣女果之类的农业审美产品一般农户都可单独进行。

这类农业旅游企业的最大特点是只产不销，也就是只生产农业审美产品，而不经销农业审美产品。因此，这类农业旅游企业的管理只涉及两个问题，即生产的技术及其管理。

二、经营农业审美产品的农业旅游企业

生产农业审美产品的农业旅游企业只生产农业审美产品，而不经销农业审美产品，而有的农业旅游企业则只经销农业审美产品，而不生产农业审美产品。这类农业旅游企业就是经营农业审美产品的农业旅游企业。显然，这类农业旅游企业就是各种旅游公司了，当然，仅仅限于仅从事观光休闲农业的旅游公司。

这类农业旅游企业经营各种类型的农业审美产品，包括美观的产品、健美的植株、美化的田园、民俗化的村庄和生态化的自然。

这类农业旅游企业尽管也有不少是以单家独户为单位的，但更主要的却是上规模的。以单家独户为单位的经营农业审美产品的农业旅游企业主要是在旅游区销售美观的产品和健美的植株等农业审美产品的经销商。上规模的则是旅游公司。

这类农业旅游企业的最大特点则是只销不产，也就是只经销农业审美产品，而不生产农业审美产品。因此，这类农业旅游企业的管理也只涉及两个问题，不过，这两个问题却是经销的技术及管理。

专门经营农业审美产品的旅游公司还没有，而不少旅游公司则兼营着农业审美产品的销售，即兼营着农业旅游。不过，可以说，随着农业旅游业的发展和壮大，专门经营农业审美产品的旅游公司不但会组建，而且会越来越多。

三、既生产又经营农业审美产品的农业旅游企业

在农业旅游企业中，除了以上两类农业旅游企业外，还有一种农业旅游企业，那就是既生产又经营农业审美产品的农业旅游企业，如北京昌平苹果主题公园。

这类农业旅游企业同时具备以上两类农业旅游企业的功能，既生产农业审美产品，又经营农业审美产品。

这类农业旅游企业其实就是各种各样的农业旅游区，也就是上面提到的休闲农场、森林游乐园、休闲渔场、休闲牧场、观光果园、观光茶园、观光花园、观光菜园、市民农园、教育农园、民宿、休闲农业区等。这些农业旅游企业尽管叫法不同，形式不同，功能不同，但本质是相同的，那就是开展农业旅游活动。

这类农业旅游企业尽管既生产农业审美产品，也经销农业审美产品，但是，在生产上却往往是独立的，而在经销上则却往往既独立又联合。生产上的独立，指的是生产农业审美产品完全由企业本身单独来进行，从园区规划到设施建设，从作物种植到景观营造，都是这样。经销上的既独立又联合，指的是经销农业审美产品有的由企业本身单独来进行，有的则由企业联合旅游公司来进行。对美观的产品和健美的植株，如长字苹果和盆景苹果，其经销往往由企业本身单独来进行；对自驾游的游客来说，其各种农业审美产品的经销也往往由企业本身单独进行。对美化的田园、民俗化的村庄和生态化的自然，如苹果主题公园和苹果之乡，其经销则往往由企业联合旅游公司来进行；对旅游团来说，其各种农业审美产品的经销也往往由企业联合旅游公司来进行。

第二节　农业旅游企业的管理

对于农业旅游企业来说，无论是农业审美产品的生产过程，还是农业审美产品的经营过程，都是农业审美产品的管理过程。只有实行科学管理，无论是农业审美产品的生产，还是农业审美产品的

经营，才能卓有成效。

一、设置管理

农业旅游企业分为生产农业审美产品的农业旅游企业、经营农业审美产品的农业旅游企业和既生产又经营农业审美产品的农业旅游企业。这里的设置管理，主要是针对既生产又经营农业审美产品的农业旅游企业。在这方面，我国台湾积累了十分丰富的成功经验，在此，专门介绍，以资借鉴。

（一）设置条件

1992 年 12 月，台湾制定并颁布了《休闲农业区设置管理办法》（以下简称“《办法》”），规定设置休闲农业区必须满足以下条件：一是具有丰富的农业生产及农村文化资源；二是具有田园及自然景观；三是具有 50 公顷以上相互比邻且合法使用的土地；四是具有发展潜力且交通便利。

1996 年 12 月，台湾对《办法》进行了修改，并更名为《休闲农业辅导办法》，对休闲农场土地面积规定为不得小于 0.5 公顷。尔后，于 2000 年 7 月再次被更名为《休闲农业辅导管理办法》，直到 2009 年 5 月 21 日，《办法》又经过 7 次修改，规定休闲农业区必须具备如下条件：一是具有地区农业特色；二是具有丰富的景观资源；三是具有丰富的生态和保存价值的文化资源；四是 50 公顷以上、600 公顷以下的非都市土地，或 10 公顷以上、100 公顷以下的都市土地，或 25 公顷以上、300 公顷以下的都市和非都市混合土地。

同时，规定休闲农业区必须设置如下供公众使用的设施：一是安全防护设施；二是平面停车场；三是凉亭（棚）设施；四是眺望设施；五是标示解说设施；六是卫生设施；七是休闲步道；八是水土保持设施；九是环境保护设施；十是景观设施；十一是经主管机关核准的其他休闲农业设施。

此外，规定休闲农场在面积不得小于 0.5 公顷的同时，还必须满足以下条件之一：一是位于非山坡土地面积在 1 公顷以上；二是位于都市山坡地 1 公顷以上；三是位于非都市山坡地 10 公顷以上。

（二）设置程序

休闲农业区的设置程序：一是编制规划。即根据市场需求，结合当地的农业特色、生态条件、景观资源和经营状况，编制科学、切实、可行的规划，报呈当地主管机关。内容包括：①划定依据及规划目的；②范围说明；③农业条件和基本资料；④管理及维护；⑤重大管理事项；⑥公共建设和执行单位。

二是资质审查。即由当地主管机关主持，聘请有关机构的专家组成审查小组，对规划进行资质审查。审查标准共计 5 项，实行计分制，评分 70 分以上时为通过。审查内容包括：①休闲农业核心资源（20 分）；②整体发展规划（35 分）；③营运模式及推动组织（20 分）；④已有设施的利用和改善以及办理类似休闲农业相关规划或建设情形（15 分）；⑤预期效益（10 分）。

休闲农场的设置程序：一是提交申请。类似于上面的编制规划，内容包括：①基本资料；②现况分析；③休闲农业发展资源；④发展目标及策略；⑤土地使用规划构想；⑥营运管理方向。

二是审查与批准。面积小于 10 公顷的，由省直辖市或县市主管机关会同相关单位审查、批准；面积大于 10 公顷的，由省直辖市或县市主管机关会同相关单位审查，报“农业委员会”批准。审查内容包括：①申请主体的合理性；②土地是否完整，面积是否符合规定；③山坡地范围是否超限利用；④休闲农业设施、项目面积是否符合规定；⑤休闲农业发展资源、发展目标及策略是否可行；⑥是否附有土地所有人的土地使用同意书；⑦农场内已有或拟建的设施是否符合非都市土地使用管制规则的有关规定；⑧土地使用清册、土地登记、地籍图等资料是否完备；⑨农场内已有或拟建的设施是否符合“都市计划法”的相关规定；⑩土地使用分区证明，以及设有旅客休憩分区的休闲农场，其连外道路宽度是达到 6 米以上。

三是批准后事项。批准后四年内原则上必须完成计划内的所有项目及其内容，并办理许可登记。否则，批准文件废止。但是，若有正当理由，应于期限届满前 3 个月内提出延期申请，经当地主管机关审核，报“农业委员会”核准，延期最长 2 年。

（三）设置管理本质

台湾设置休闲农业区的经验和做法表明：一是设置农业旅游企业是有条件的。即并不是谁都可以兴办农业旅游企业，只有那些具备条件而又打算兴办农业旅游企业的对象，才有资格兴办农业旅游企业。

二是政府是设置农业旅游企业的管理主体。农业旅游企业是根据市场需求来设置、兴办的，但其管理的主体是政府的行业主管部门，即必须经过行业主管部门的审批才能设置、兴办。

三是设置农业旅游企业的条件是具体的。即设置农业旅游企业的条件既是定性的，也是定量的，定性以明确性质，定量以易于操作。一般来说，其条件包括土地面积、农业特色、生态环境、文化资源和配套设施。

四是设置农业旅游企业的条件是发展的、相对的。即设置农业旅游企业的条件不是一成不变的，而是随着社会的发展、农业的发展、旅游的发展而不断发展。《办法》经过 8 次修改就是最好的例证。同时，设置的条件是相对来说的，即对不同的对象条件是不同的。《办法》对休闲农业区和休闲农场其条件就有所不同，特别是土地面积相差较大。

五是设置农业旅游企业必须经过一定的程序。即设置农业旅游企业是一个过程，必须经过一定的环节，而每一环节都必须办理相应的手续，成功的设置必须经过所有环节，办理所有手续。

二、组织管理

所谓组织管理，其实就是机构设置和人员配置。机构是农业旅游企业的骨架，更是农业旅游企业得以正常运行和健康发展的保障；人员则是农业旅游企业的主体，更是农业旅游企业得以正常运行和健康发展的行为保障。因此，必须加强组织管理。在管理中，坚持如下几项原则；

（一）需要原则

需要原则，即根据农业旅游活动需要设置机构。对生产农业审美产品的农业旅游企业来说，只生产农业审美产品，而不经营农业审美产品，因此，设置生产部门很有必要，设置经营部门则没有必要；对经营农业审美产品的农业旅游企业来说，只经营农业审美产品，而不生产农业审美产品，因此，设置经营部门很有必要，设置生产部门则没有必要；对既生产又经营农业审美产品的农业旅游企业来说，既生产农业审美产品，也经营农业审美产品，既要设置生产部门，也要设置经营部门。

北京昌平苹果文化主题公园是一个既生产又经营农业审美产品的农业旅游企业，即必须设置生产部门，也要设置经营部门。不过，值得注意的是，其以苹果文化为主题，即其生产的产品也好，经营的产品也好，都是苹果及其文化，因此，设置的生产部门和经营部门，都应仅限于苹果及其文化的范围。

（二）系统原则

系统原则，即所设置的机构应构成一个互依互存的完整系统，构成一个互依互存的完整农业旅游企业系统，足以维持农业旅游企业正常运行和健康发展。对于既生产又经营农业审美产品的农业旅游企业来说，可以考虑设置综合部门、生产部门、经营部门和后勤服务部门。综合部门负责计划、组织、指挥农业旅游活动并负责协调内内外外和各部门之间的关系，生产部门负责农业审美产品的生产，经营部门负责农业审美产品的经营，后勤服务部门负责为农业旅游活动的进行提供后勤保障服务。

就北京昌平苹果文化主题公园来说，苹果的种植、苹果田园风光的营造、苹果科学技术的展示等固然重要，但是，离不开苹果种苗、肥料、农药、棚架、管道等的供应，也离不开文化塑造、主题宣传、游客组织、产品推销，同样离不开这些要素的协调、统一，这就需要一环紧扣一环、环环都不能缺少的系统。

海南农垦万嘉果南海基地实行经理负责制，由生产部、旅游部、工程部三部门构成。生产部专司农庄内各种植物的生产、管护等工作；旅游部专司各项旅游营销、农产品营销推广、旅行社接洽等；工程部专司基地各项设施的维护与维修。

（三）层级原则

对于比较大型的农业旅游企业来说，内容多，层次多，人员多，活动多，必须通过层级的设置，也就是坚持层级原则，才能使农业旅游企业管理脉络清楚，从而实现纲举目张的目的。

例如，有的农业旅游企业，仅生产农业审美产品的园区就有好几个，如香蕉园区、菠萝园区、荔枝园区、龙眼园区和蔬菜园区等，这就需要在生产部门之下设置香蕉园区管理部门、菠萝园区管理部门、荔枝园区管理部门、龙眼园区管理部门和蔬菜园区管理部门等，这些部门与生产部门之间便形成了生产农业审美产品管理方面的层级。

（四）能级原则

人的能力是有限的，往往局限于一定的范围。一般来说，一个人往往仅适合于管理若干个部门，当部门数超过“若干”的时候，只能分由 2 人或 2 人以上来管理。笔者的一项调查表明，在当前，甘蔗专业户的甘蔗经营面积以 50 亩左右为宜，超过这一面积效果就不好了。这就是能级问题。在农业旅游企业中同样存在这一问题，必须坚持这一原则。

上面提到的香蕉、菠萝、荔枝、龙眼和蔬菜等园区，可以设置一个生产部门来统一管理，但是，若果品再多，则可考虑设置 2 个或 2 个以上的生产部门来管理。当然，在设置时，应将同类作物园区归于同一生产部门管理，如将蔬菜、甘蔗、番薯和木薯归于一个生产部门管理，将香蕉、菠萝、荔枝、龙眼、木瓜、皮果、石榴和杨桃归于另一个生产部门管理。

（五）效能原则

效能原则，即机构的设置必须围绕管理效能和经济效益的提高来进行，有利的设置，不利的不设置。

机构的人员配置应因岗配人，配置相应的、称职的人员。岗位的设置不但要有明确的职责，而且要有足够的工作量，使所配置的人员不但有职责，有事做，而且能够满负荷。至于那些人浮于事的机构能裁则裁，能缩则缩。

例如，某一农业旅游企业，建设有蔬菜观光园，这样，设置蔬菜植保岗位和配置蔬菜植保员就显得十分必要。然而，若蔬菜观光园不大，其植保工作不足以使一名植保员满负荷，甚至半负荷，那么，就不必设置专门岗位和配置专门人员，而应由其他植保员或农技员兼任，或者由社会化的蔬菜植保服务公司来完成。这就是效能原则。

三、资源管理

所谓资源管理，则是对农业旅游企业中的各种资源、特别是农业旅游资源进行管理，使其存在得以利用，价值得以体现，效益得以实现，生命得以长久。

农业旅游资源主要包括农业旅游景观资源和农业旅游设施资源，农业旅游景观资源又包括农产品景观、作物植株景观、田园景观、自然景观、人文景观、农舍景观、村庄景观、农业劳动工具景观、农民生活用具景观、农业劳动景观、农民生活与活动景观和乡村景观，农业旅游设施资源则又包括“吃”的设施、“住”的设施、“行”的设施、“游”的设施、“购”的设施和“娱”的设施。

（一）存在利用

存在利用，指的是农业旅游资源的利用。包含两层意思：一层是，需要的才设置、才打造，不需要的不设置、不打造，决不画蛇添足。例如，对不安排居住这一内容的农业旅游企业，就不必设置“住”的设施；对于设置 20 个床位就足够的农业旅游企业，则不必设置超过 20 个床位。对于建设三星级水平宾馆就足以满足旅客需求的农业旅游企业，则不必建设四星级以上水平的宾馆。另一层是，对所有资源都要充分地加以利用，尽最大可能地不让其闲置。同如上例，对于设置 20 个床位的农业旅游企业，不但要做到有人居住，而且要尽最大可能地做到住满，做到住上相应消费水平的旅客；不但要做到旺季住满，而且要尽最大可能地做到淡季也住满。

（二）价值体现

价值体现，指的是农业旅游资源不但得以利用，而且其利用达到其应有的层面。一般来说，农业旅游资源的价值层面都包含表观层面和内涵层面，内涵层面又包含文化层面和哲理层面。

表观层面，指的是视觉可及的层面。例如，长字苹果美的存在和表现在表观层面就是“长字”，就是“长”出“福”“寿”和“禄”等文字，从而使其不同于一般的苹果，不同于不“长字”的苹果，而这些文字的书法水平、艺术水平及其与苹果的和谐统一，则又使其美中加美，形成富有美感的艺术苹果，形成食用和艺术相统一的苹果。

文化层面，指的则是通过视觉感知，从而品读出来的文化存在和表现。例如，长字苹果美的存在和表现在文化层面则是其所“长”之字所包含的文化内涵，则是“福”“寿”和“禄”等文字所包含的文化内涵。

哲理层面，指的则是通过视觉感知，从而品读出来的本质存在和表现。例如，长字苹果美的存在和表现在哲理层面则是苹果的“长”字，则是苹果“长”有“福”“寿”和“禄”等既有书法水平、艺术水平及其与苹果和谐统一、又富有“幸福”、“长寿”和“吉祥”等文化内涵的文字的农产品都存在和表现着美，都是美的。

作为科学而有效的管理，就是使这些资源及其层面得到利用。

（三）效益实现

效益实现，指的是农业旅游资源管理的最终目的在于发展旅游经济，在于盈利。

关于效益实现，也包含三层意思：第一层是农业旅游资源管理要以盈利为底线，为标准。显然，要实现这一目的，关键在于做到：一是尽可能地引发消费者的消费需求；二是尽可能地降低生产成本；三是尽可能地降低经营成本。

第二层是农业旅游资源管理以追求利益最大化为最高目标。即农业旅游资源管理不但要使资源获得利益，而且要使资源获得尽可能大的利益。因为只有这样，资源的存在、价值才能得以充分的体现。

第三层是农业旅游资源管理以满足消费者的消费需求为管理归宿。即农业旅游资源管理的利益是通过满足消费需求来获取的。离开了消费者的消费需求，农业旅游不存在，农业旅游资源管理更不存在。因此，在追求经济利益时，必须千百万计地满足消费者的消费需求，将经济利益的追求和获取建立在满足消费者的消费需求上。一般来说，消费需求的满足应体现在：一是内容不断丰富；二是情趣不断浓厚；三是项目适销对路；四是支出物有所值。

（四）生命长久

生命长久，指的则是农业旅游资源能够得以持续的、长久的利用。这既是农业旅游资源管理的内容之一，也是农业旅游资源管理成功与否的标志之一。

农业旅游资源要做到生命长久，在管理上，就不能片面地追求经济效益，而应该在追求经济效益的同时，做到用养结合，做到利用和保护并举。一是不破坏资源的原生态。即在资源利用上，以不破坏原生态为原则，既不唯农业物质产品的生产而生产，也不唯农业审美产品的生产而生产，而应在做到人为干预尽可能少、尽可能小的前提下利用。例如，在田园景观营造上，应尽可能地利用作物来形成景观，而不应过多地营造亭子等建筑设施来形成景观，即使利用建筑来形成景观，也应充分地利用田园房屋、机井房屋来形成景观。

二是利用程度不超过资源的承受能力。资源可分为可再生资源和不可再生资源。对可再生资源来说，其对利用程度的承受能力是一定的。当利用程度超过其承受能力的时候，其就不能再生，或不能再生恢复到原来的状态，即其利用程度只能在其承受能力的范围内。牧草就是一种可再生资源，其对牲畜的承受能力是有限的。张慧等（2005）的研究表明，我国黑河流域天然草地的承载力为0.009～2.055只羊单位/平方千米。杨秀平等（2014）以秦皇岛市集发生态农业观光园为研究对象，对旅游景区环境承载力预警模型体系进行了研究，提出了旅游环境承载力预警模型。在旅游开发中，对环境的利用应适度，并应控制旅游环境承载率在“正常状态”内，切不可达到“低度超载”，更不可达到“高度超载”，否则，将会破坏旅游环境。

三是加大资源培育力度。资源是可以培育的，资源的生产能力和再生能力也是可以培育的。田园通过掺沙改泥，施用有机肥，可以改善机械组成，提高土壤肥力；作物通过提纯复壮，可以恢复、甚至增强生产能力；景观通过维护，可以美丽如初、甚至更加美丽；如此等等。

四、人才管理

所谓人才管理，则是对人才的选用、培养和使用的过程。那么，什么是人才？关于此，已是仁者见仁，智者见智。所谓人才，应是具备某一技能的人。基于此，对这些人的选用、培养和使用的过程，就是人才管理了。

（一）关于人才的选用

农业旅游企业所应选用的人才应该是其业务活动所需要的人才，也就是农业审美产品生产和经营所需要的人才。这些人才足以胜任其业务活动，足以将农业审美产品生产好、经营好。

从横向来看，所需的人才包括综合人才、生产人才、经营人才和后勤服务人才。综合人才应具备行政、计划、组织、协调、沟通和管理等方面的素质；生产人才应具备农业技术、工程建设、景观营造和艺术制作等方面的素质；经营人才应具备市场开拓、游客组织、产品营销和审美情趣等方面的素质；后勤服务人才应具备信息搜集、物资组织、设备维修和环境卫生等方面的素质。

从纵向来看，所需的人才包括高级人才、中级人才和初级人才。高级人才应具备宏观指导能力；中级人才应具备中观细化能力；初级人才应具备微观执行能力。

（二）关于人才的培养

人才的培养应包括三层含义：一是稀缺人才的培养。稀缺人才，指的是企业所缺少的人才。如企业原为纯粹生产农业审美产品的农业旅游企业，现拓展成既生产又经营农业审美产品的农业旅游企业，而一时又无法招聘到合适的人才，这就需要自行培养。对这类人才的培养应涉及两个环节，一个是选拔环节，另一个是培养环节。选拔人才关键是两个问题，一个是所选拔的对象应具备相应的潜能，如具备经营农业审美产品的潜存能力；另一个是所选拔的对象应对今后所从事的工作感兴趣或经过培养会对今后所从事的工作感兴趣。培养人才关键则是培养途径，而理想的培养途径则应该是送到有关大专院校进行系统的培养，使所选对象具备全面、系统、相应的专业知识和技能。

一般来说，农业旅游企业最缺的人才往往是经营农业审美产品的人才，特别是旅游导游人员。关于导游专业能力培养，刘帆等（2013）基于经济中的二八理论（由意大利经济学家帕累托提出）和长尾理论（由美国人克里斯·安德森提出）提出，在旅游导游中，应根据帕累托需求曲线，用20%的重点产品带动企业的80%的利润，把握20%的重点客户创造企业的80%的利润，并充分地利用互联网关注“长尾”客户，发挥“长尾”效应，为此，应采用“旅游局—学校—企业”互动式循环培养模式，培养高素质旅游人才。具体地，对地接导游员、全陪导游员、海外领队和景点景区导游员等各类培养对象，进行如下内容的培养：①政治素质，包括政治态度、政治品质以及对国家、民族、社会的根本看法等；②专业技能，包括导游词、专业知识、导游服务规范、旅游法律法规、急救应急、常识、旅游英语等；③道德素质，包括道德思想、道德境界、道德品质、道德情操、道德修养以及道德行为等；④旅游心理学；⑤身体素质训练。

二是员工水平的提高。一般来说，员工的水平越高，其能力越强，越能将工作做好。高级人才的水平就要比中级人才的高，中级人才的水平就要比初级人才的高。因此，作为企业，就应该不断地提高员工的水平。其提高的途径有两个，一个是选送到有关大专院校进行专门的培养，另一个是选送到兄弟企业进行跟班学习。

比较有效的途径是选送到有关大专院校进行专门培养。胡晓玲等（2013）对中外高等院校酒店管理专业人才培养模式进行比较研究。认为国外高等院校的特点是：①培养目标：培养高层管理者；②课程设置：必修课、选修课、实践课；③教学制度：学分制、本科生参与科研、跨学科的本科教育；④培养方式：重视实践环节。酒店管理专业人才是农业旅游企业人才的一部分，农业旅游企业人才的培养也可参照此模式。

三是新知识的灌输。当今是知识经济的时代，新的知识、技术、方法和理论不断涌现，农业旅游也不例外。因此，必须通过会议、资料、视频和办班等形式，不断地向员工灌输农业旅游方面的新知识、新技术、新方法和新理论，使他们能掌握新知识、新技术、新方法和新理论，跟上时代的步伐，发展现代农业旅游。在目前，最应该灌输的新理论是农业美学，应该灌输的新技术是美学农业园区模式，应该采用的灌输形式是视频。

（三）关于人才的使用

人才的使用是人才管理的核心和归宿。应围绕如下几方面来进行：

一是以农业旅游发展为目的。即人才管理的目的在于发展农业旅游，在于发展企业的农业旅游，在于生产农业审美产品和经营农业审美产品，也就是使员工的时间、精力和能力都用在这一目的上。

二是人尽其才。即根据各人的特长安排在相应的岗位上，做到“岗位适合人才，人才适合岗位”，这样，才能充分地发挥人才的特长，做好相应的工作。事实上，并不是所有的岗位都适合所有的人才，也并不是所有的人才都适合所有的岗位。某一岗位的人才对另一岗位来说可能是庸才，某一岗位的庸才对另一岗位来说可能是人才。事实的确是，脑力者不一定擅长体力，体力者也不一定擅长脑力；善于生产农业审美产品的人才不一定善于经营农业审美产品，善于经营农业审美产品的人才也不一定善于生产农业审美产品。

三是形成合力。农业旅游企业是一个集体、一个团队，生产和经营农业审美产品也是一个集体、一个团队，因此，人才既是独立的、也是互依的，必须互补才能形成合力。这样，在人才管理中，既要发挥各人之专长，调动各人的积极性，又要倡导团队精神，为共同的目标而努力。

四是应用双因素理论。双因素理论也叫激励保健理论，是美国的心理学家、行为科学家弗雷德里克·赫茨伯格（Fredrick Herzberg）于1959年提出来的，认为：①影响人们工作行为的动机的各种因素可分为保健因素和激励因素两类，保健因素指的是那些与人们的不满情绪有关的因素，激励因素指的是那些与人们的满意情绪有关的因素；②恰当地运用保健因素和激励因素，就能提高人们的积极性，提高企业的管理水平和服务质量。刘霞（2014）认为，在保健因素的应用上，应：①改善工作环境；②完善薪酬制度，进行工资激励和福利激励；③以人为本，重视沟通及个人需求；④创造“团结进取，乐于奉献，良性竞争，相互欣赏”的企业文化。在激励因素的应用上，应：①适当放权，让员工参与管理；②赏识员工；③给员工以成长和提升机会，对员工进行周期性的培训；④丰富工作内容，赋予员工具有挑战性的工作。农业旅游企业也可参照此管理。

五是建立表彰机制。即定期对优秀员工进行表彰奖励，使他们的工作得到肯定和认可，从而激发他们的工作积极性，鼓励他们的业务研究和开拓，并借以带动其他员工积极工作，投身业务研究和开拓。

五、资金管理

资金是企业运行的支撑，生产需要资金，经营需要资金，管理需要资金，因此，必须加强资金管理。在资金管理中，必须坚持如下原则：

（一）效益原则

效益原则，即资金管理应以追求资金效益最大化为目标的原则。所谓资金效益最大化，指的是资金投入产出比的最大化。用较少的钱办较大的事应是我们办事的原则，也是企业建设的原则。在资金管理中，企业就应该以效益原则作为基本的原则。在操作上，就是做到：一是能不花的钱尽量不花；二是效益小的项目尽量不上；三是做大做强效益主导项目；四是尽量延长产业链条；五是强化资源的再利用、循环利用和多次利用。

（二）生产原则

生产原则，即在资金使用上，应尽量将资金投放到生产上，尽量减少非生产性开支。不过，值得注意的是，作为农业旅游企业，生产所指不限于农产品的生产，而还包括美观产品、健美植株和美化田园的生产，包括上述产品的营销。

（三）重点原则

重点原则，即将资金相对集中地投放到重点项目上。对企业来说，资金再多也是有限的，除非企业已不打算再发展。只要打算再发展，资金的瓶颈问题就会出现，就会存在。这就需要考虑资金的运用问题、投放问题。显然，理智的选择是将资金相对集中地投放到重点项目上。

所谓重点项目，就是相对比较大型、对企业的发展起着重要作用的项目。对农业旅游企业来说，建设初期生产项目相对重要，而后却是经营项目相对重要。如，苹果文化主题公园，初期的重点是苹果园区建设，包括田园建设、苹果种植等，后期的重点则是苹果园区观光，包括设施配套、游客组织等。这样，初期就应重点投资建设，后期则应重点投资观光。

（四）风险原则

任何投资都是有风险的，农业旅游项目投资也不例外。因为再周密的计划、再详尽的分析都有不周密的地方，都有不详尽的地方，都存在着意想不到的地方。因此，必须坚持风险原则。所谓风险原则，就是对投资项目中的不确定因素及其可能带来的影响进行充分的评估，并准备足够的资金以应付可能发生及其可能带来的影响，以确保投资项目能够在风险中稳步、健康、顺利地朝着既定的目标进行。

坚持风险原则，一是要科学分析风险。尽管风险是不可测的，是难于估计的，但凡事都有规律，风险也一样，而揭示、掌握这一规律，就是科学。科学分析风险，即根据同类事物极其相似时空风险发生的可能及其可能带来的影响，预计投资项目可能发生的风险及其可能带来的影响。一般来说，可能发生的风险有如下几种：①项目内部人员变故，如设计人员因故离职；②项目合作对方变故，如合作者因故撤出项目合作；③相似项目上马，如正在建设苹果文化主题公园，附近突然又有企业上马苹果文化主题公园，且投资更多、规模更大、内容更丰富；④自然灾害发生，如沿海地区发生强台风；⑤国家政策改变，等等。

二是要准备充足资金。在项目投资中单列出风险资金，其金额应足以应付常规状态下可能发生的风险。这样，一旦风险发生，就不会因资金问题而被动、而束手无策，从而使项目不因风险而受影响。

三是要管好资金。即要制定风险资金的管理方法，严格资金管理，确保资金用到意外事件的应急之中。要做到这一点，关键是做到专项专管，专管专人，专事专用；其次是确保资金流通渠道畅通，做到随要随支，支用相符。

六、营销管理

农业审美产品的营销是农业旅游企业管理的核心，也是设置管理、组织管理、资源管理、人才管理和资金管理的归宿。因此，必须加强营销管理。

（一）营销市场管理

营销市场管理，即对农业审美产品市场进行调查、研究，分析其对农业审美产品的需求量及其发展态势，分析其细分市场的需求量及其发展态势。

细分市场包括农产品市场、作物植株市场、田园景观市场、田园科普市场、田园体验市场、田园养生市场和田园生活市场等。通过分析，就能了解、明确市场，确定营销目标，确定农业审美产品的营销目标。中国热带农业科学院香料饮料研究所根据其区位、生态、科研等优势，建设热带植物观光休闲景点——海南兴隆热带植物园，凭借海南本土独有、国内其他地区没有、世界各地稀有的热带植物种质，共同构成了一道国内独一无二的热带生态景观，利用自身科研力量开发养生型香料、饮料产品 6 大系列 48 个品种，打造了叫响大江南北的休闲农业经典之作——全国农业旅游示范点，年接待游客 100 多万人，门票收入 1 000 多万元，养生型产品年销售收入 1 000 多万元。

（二）营销对象管理

营销对象管理，即对农业审美产品消费对象进行调查、研究，分析其对农业审美产品的需求量及其发展态势。

消费者对农业审美产品的消费偏好与文化素质、经济水平和风俗习惯有关。一般来说，文化素质较高的消费者相对倾向消费文化含量较高的农业审美产品，文化素质较低的消费者相对倾向消费外观美观的农业审美产品。经济水平较高的消费者相对倾向消费距离较远、品种较多、技术含量较高的农业审美产品，经济水平较低的消费者相对倾向消费距离较近、品种较少、技术含量较低的农业审美产品。北方的消费者相对倾向消费较为粗犷的农业审美产品，南方的消费者相对倾向消费较为细腻的农业审美产品。例如，农产品审美产品（如长字苹果等）较适合文化素质较低的消费者，人文审美产品（如开平雕楼等）较适合文化素质较高的消费者。

（三）营销产品管理

营销产品管理，即对农业旅游企业所生产的农业审美产品进行管理，使其适合、满足市场和消费者的需求。显然，管理农业审美产品主要做到如下几点：

一是适销对路。即所生产的农业审美产品必须是市场和消费者所需求的，否则，再物美价廉都是没用的、多余的。例如，当市场和消费者需要长字苹果时，生产之，就适销对路，就能卖个好价钱；当市场和消费者不需要或已饱和时，生产之，就滞销，就积压。位于离海口近 30 千米三江镇的凤生香草园，首次将“闻香、识香、用香”全新健康生活概念和时尚休闲体验作为生产目标，综合经营香草植物种植、盆栽销售、香草土鸡养殖、无公害蔬菜生产、特色香草餐饮、芳香主题休闲娱乐、香草保健养生茶、芳香DIY系列（包括小饰品、手工精油香皂、精油香珠等）、“芭丽艾丝”精油产品、“凤香岛”空气净化系列产品，深受消费者欢迎，2007年接待人数即突破5 000人，并以年均接待游客200%的速度递增。

二是丰富多样。农业审美产品的丰富多样就意味着可从多维度、多形式为消费者提供审美情趣，实现审美享受。当然，作为农业旅游企业，其追求的丰富多样并不是面面俱到、包罗万象，而应是在强调特色、明确主题的基础上追求丰富多样。凤生香草园就是这样，以“闻香、识香、用香”为主题，以凤生香为对象，既搞园栽，也搞盆栽；既搞种植，也搞养殖；既搞种养，也搞加工；既搞生产，也搞餐饮；既搞营养，也搞保健；既搞饮食，也搞娱乐；既搞食品，也搞用品。

三是物美价廉。对农业审美产品来说，物美价廉就是既富有审美情趣又价格低廉。对农业旅游企业来说，要做到物美价廉，就是用尽可能少的成本来生产富有审美情趣的农业审美产品。

（四）营销渠道管理

营销渠道，指的是农业审美产品的销售途径。采取什么途径取决于农业审美产品的类型和消费对象。因此，营销渠道管理的实质就是这两者的有机统一。

都是农产品审美产品，对于购买的消费者，可采取传统的农产品的销售渠道，如批发、零售等，也可采取采摘体验的渠道来销售；对于观赏的消费者，可采取旅游的渠道来销售；对于品读的消费者，在采取旅游的渠道销售的同时，还应采取讲解的渠道来销售。

（五）营销手段管理

营销手段包括会议、资料、报纸、杂志和网络等，即营销手段管理就是对会议、资料、报纸、杂志和网络的管理。

在这些手段中，会议、资料、报纸和杂志都是传统的，而网络却是新兴的，也是最值得关注的。在网络营销渠道管理中，应利用网络来招徕游客。谢婷等（2013）的研究表明，北京青年旅游者有97.4％利用网络媒体关注旅游信息，在计划出游时最关注的要素是旅游时间，其次是交通的便捷性，第三是旅游花费，第四是景区特色，第五是食宿的舒适性，第六是当地的安全性。因此，应利用好网络，并应有所侧重，以充分地招徕游客。杨娜等（2013）的研究则表明，网络口碑在景区营销沟通、形象塑造、顾客管理、市场动态掌控等方面有着很重要的作用。因此，应优化旅游景区产品，提供正面网络口碑保证；选择专业性渠道，提高信息源的影响力；监控网络口碑，控制负面口碑的传播。

第八章　农业旅游要素和谐

从某种意义上可以说，农业旅游是其要素组合的运动方式，是其要素结合在一定时空中的运动方式；而其健康地、理性地、有序地向前发展，则是这些要素和谐作用的结果。因此，要发展农业旅游，必须研究其要素和谐问题。

第一节　农业旅游要素和谐的内涵

要建设农业旅游要素和谐，首先必须研究其内涵。因为只有这样，才能做到有的放矢。

一、农业旅游要素的内涵

农业旅游要素指的是与农业旅游有关、影响农业旅游存在和发展的因素。因为这些因素其实就是构成农业旅游的必要因素。

农业观光园的建设者生产着可供农业旅游的长字苹果、盆景苹果和苹果田园景观等农业审美产品，是农业旅游要素；旅游公司的导游组织着游客采摘长字苹果、鉴赏盆景苹果和观赏苹果田园景观等农业旅游活动，是农业旅游要素；游客参加上述农业旅游活动，是农业旅游要素。农业观光园的建设者、旅游公司的导游和游客都是农业旅游的必要因素。

二、农业旅游要素的类型

农业旅游要素除了以上提到的三个要素之外，还有许许多多，可以说，农业旅游存在和发展的空间中的一切要素都是农业旅游要素。因为它们或多或少、或大或小、或早或迟都会影响着农业旅游的存在和发展。农业旅游要素都可以归纳为三大类，即内部要素、行内要素和外部要素。

内部要素，指的是某一农业旅游项目或活动之构成要素。例如，在某一农业观光园的建设中，农业观光园建设所涉及的田园、作物、房屋、设施、技术和人员等，就是农业观光园建设这一项目的内部要素。又如，在某一次农业旅游的活动中，农业旅游活动所涉及的农业观光园、游客、导游、车辆和宾馆等，则是农业旅游活动这一活动的内部要素。

行内要素，指的则是农业旅游行业各种项目或活动之要素。例如，上面提到的农业观光园建设和农业旅游活动都属农业旅游行业之项目或活动，因此，其涉及的田园、作物、房屋、设施、技术、人员和农业观光园、游客、导游、车辆、宾馆等都属行内要素。

外部要素，指的是对农业旅游有影响的各种外部要素。农业旅游无不受到政策的影响，如《旅游法》的制定和出台无不对农业旅游的规范起着制约作用；农业旅游无不受到资金的影响，如金融部门的资金发放就对农业旅游的资本运作起着调控作用；农业旅游无不受到技术的影响，如科研部门的基础研究和技术开发无不对农业旅游的新产品、新技术和新方法的应用起着瓶颈作用；农业旅游无不受到人才的影响，如大专院校的人才培育无不对农业旅游的专业人才起着输送作用；如此等等。这些就是农业旅游的外部要素，就是对农业旅游有影响的外部要素。

农业旅游要素的分类是相对来说的，在一定的条件下是可以相互转化的。

三、农业旅游要素的和谐

农业旅游要素和谐指的则是农业旅游要素有机、和谐地组合在一起，有力地促使农业旅游健康、理性、有序地向前发展。

农业旅游要素和谐可分为农业旅游内部要素和谐、农业旅游行内要素和谐和农业旅游外部要素和谐。

农业旅游内部要素和谐，指的则是农业旅游内部各要素有机地、和谐地组合在一起，构成一个完整的、充满生机活力的项目或活动。如农业观光园建设，其所涉及的田园是适合农业观光园建设的，所种植的作物、建造的房屋和配置的设施是既各自成型又相互和谐、形成美丽的田园风光的，所运用的技术是足以支撑农业观光园建设的，所使用的人员是既有技术、懂管理又团结、互相配合的，并借此使农业观光园建设既顺利进行又达到预期效果，这就是农业观光园建设要素和谐。

农业旅游行内要素和谐，指的则是农业旅游行内各要素有机地、和谐地组合在一起，构成一个系统的、互补的、互依的项目或活动。如农业观光园的建设者、旅游公司的导游和游客都是农业旅游行内要素，其农业观光园的建设者所生产的长字苹果、盆景苹果和苹果田园景观等农业审美产品能够满足游客的需求，旅游公司的导游能够使游客对这些农业审美产品进行有效的消费，满足游客的审美需求，这则是农业观光园的建设者、旅游公司的导游和游客三要素之间的和谐。

农业旅游外部要素和谐，指的则是农业旅游及其各要素与对农业旅游有影响的各种外部要素有机地、和谐地组合在一起，构成一个既有利于农业旅游、也有利于各种外部要素健康地、理性地、有序地向前发展的体系。《旅游法》等政策的制定和出台既对农业旅游的规范起着制约作用，又不违背和影响《宪法》等其他相关政策；金融部门的资金发放既对农业旅游的资本运作起着调控作用，又激活和优化金融部门的资金使用；科研部门的基础研究和技术开发既为农业旅游提供了可应用的新产品、新技术和新方法，又解决了科研部门基础研究和技术开发的资金来源和发展问题；大专院校的人才培育既为农业旅游输送着高素质的专业人才，又增强大专院校的办学活力。这些则是农业旅游外部要素和谐。

第二节　农业旅游要素和谐的表现

任何事物和现象都会以一定的形式来表现，农业旅游要素和谐也不例外。

一、农业旅游各要素充分发展

农业旅游是农业旅游各要素组合的结果，农业旅游健康、理性、有序地向前发展则是农业旅游各要素有机、和谐地组合的结果，因此，要发展农业旅游，首先必须发展农业旅游各要素。农业旅游各要素充分发展应体现在：

一是每一要素都充分发展。即每一要素都重视到位，组织到位，资金到位，技术到位，措施到位，发展到位。

二是所有要素都充分发展。即要素充分发展不是某一要素的充分发展，而是所有要素的充分发展。当然，这里的所有要素包括内部要素、行内要素和外部要素及其所涉及的一切要素。

三是各个要素平衡发展。即各个要素在做到充分发展的同时，必须做到平衡发展，而不是有的太快，有的太慢。农业观光园建设就应该做到所生产的农业审美产品能够充分地满足游客的审美需求；导游就应该做到其技能足以充分地营销农业审美产品；游客就应该做到其素质足以充分地消费农业审美产品。

二、农业旅游各要素有机组合

农业旅游发展既是农业旅游各要素充分发展的结果，也是农业旅游各要素有机组合的结果。农业旅游各要素有机组合应体现在：

一是有关要素要齐全。对于某一具体的农业旅游项目和活动来说，并不是所有农业旅游要素都有关，而只是有关的要素才有关。

尽管这样，从农业旅游各要素有机组合的角度来说，有关要素必须齐全。如对农业观光园建设项目来说，田园、作物、房屋、设施、技术和人员等要素必须齐全，缺一不可，而游客、导游、车辆和宾馆等要素则是多余的，不必要的。

二是有关要素要能组合。农业旅游项目也好，农业旅游活动也好，都由若干要素组合而成，然而，只有适合的要素才能组合。田园和作物都是农业光观园的要素，然而，并不是所有田园都适合所有作物，也不是所有作物都适合所有田园，田园和作物必须能组合。

三是有关要素要组合合理。即有关要素的组合必须符合一定的规律，或符合人类的审美需求，或符合自然的生态规律，或符合农业的生产需求，或符合其他的特殊规范。在水田上种上水稻，在坡地上种上甘蔗，在砂砾地上建田园房屋，修路、开沟、打井、拉电，不但做到实用、实在，而且做到各自成型、和谐统一。这样，这些要素的组合就合理了，就能实现以上目的了。

三、农业旅游各要素和谐统一

农业旅游发展既是农业旅游各要素充分发展、有机组合的结果，也是农业旅游各要素和谐统一的结果。农业旅游各要素和谐统一体现在：

一是目标要一致。即农业旅游各要素要朝着共同的目标发展，也就是朝着农业旅游发展这一共同的目标发展。田园房屋是田园的设施之一，从房屋建设的角度来说，坚固、实用、美观是其发展方向，但从农业旅游的角度来说，房屋的田园化、景观化、文化化则应是其发展方向。

二是存在要互依。农业旅游项目也好，农业旅游活动也好，总是存在于一定的空间。这样，要做到和谐统一，就势必要求各相关要素存在要互依，就是任一要素的存在总是以其他要素的存在为条件、为依赖。

三是发展要互促。农业旅游项目也好，农业旅游活动也好，其要素总是处在不断的运动、变化之中，正是由要素的运动、变化，才使得农业旅游发展。农业观光园、导游和游客是农业旅游的三个要素。当游客的素质提高时，其审美需求自然提高，这时，农业观光园的品位也要提高，特别是应在其生产的农业审美产品中加大文化的分量，只有这样，才能适应游客的审美需求，而导游的素质也要提高，只有这样，才能成功地、较好地将富含文化的农业审美产品销售给游客。

第三节　农业旅游要素和谐的建设

研究农业旅游要素和谐的目的，全在于应用，在于建设和谐的农业旅游要素，以发展农业旅游。

一、观念建设

农业旅游要素由内部要素、行内要素和行外要素构成，并处于同一时空中，这些要素只有和谐存在和发展，农业旅游才能和谐地存在和发展。

观念建设的对象则除了农业旅游从业人员外，还应包括农业旅游涉业人员，甚至包括整个社会所有人员。因为农业旅游要素和谐不但涉及农业旅游内部要素、行内要素，而且涉及外部要素，涉及各行各业。

观念建设的要求则要做到看在眼里、说在嘴上、记在心中，落实在行动中、体现在项目里、见效在旅游上。观念建设的途径则不外于以会议、资料、报纸、杂志、电视和广播等媒体加以宣传、灌输观念，以及利用农业旅游要素和谐的成功范例来引导、示范、教化。

二、要素建设

一是确定要素。即根据农业旅游项目或活动，确定所要建设的要素，也就是农业旅游项目或活动所涉及的要素。游客是农业旅游要素，在农业旅游活动中是必不可少的要素，但在农业观光园项目建设中却是不涉及的要素。因此，在农业旅游活动建设中，就应将游客这一要素纳入；而在农业观光园项目建设中，则不必纳入。

二是明确主次。在农业旅游项目和活动所涉及的要素中，总有主要的、次要的。田园、作物、房屋和设施都是农业观光园项目的要素，但是，相对来说，田园和作物是主要的，房屋和设施是次要的。即在农业观光园项目建设中，就应该明确田园和作物作为主要要素，并优先建设之。

三是建设要素。在建设农业旅游要素中，在优先建设主要要素的同时，做到所有涉及的要素都要建设。同时，在建设中，还要做到规划到位、资金到位、技术到位、物资到位、人员到位、措施到位、效果到位。

三、链条建设

所谓链条建设，指的是将农业旅游各要素有机地组合在一起，形成农业旅游项目或活动的过程。南京市江宁区在休闲农业“五朵金花”示范村建设中做得比较成功，特别是在链条建设中做得比较成功。

一是合理选择要素。即所选择的农业旅游要素必须合理，不但可以链接，而且各具功能和特色，通过链接，可以形成一个既各具功能和特色、又互相依存、互相补充、互相彰显的有机链条。江宁区在休闲农业“五朵金花”示范村建设中，选择、打造了谷里“世凹桃源”、横溪“石塘人家”、江宁“朱门农家”、“汤山七坊”和“东山香樟园”。“世凹桃源”主打春牛首文化和佛教文化两张名片，打造以“宗教文化品质游”为特色的高品质农家乐示范村；“石塘人家”充分依托“石塘竹海”的秀美风景和前石塘村成熟的旅游资源，打造以“山居静心享乐游”为特色的山水乡村；“汤山七坊”深度挖掘“七坊”传统民间工艺和历史传说遗迹，独树以“农耕文化体验游”为特色的农俗体验示范村；“朱门农家”注重发挥直山、和平湖山水相融的生态景观，打造以“淳朴田园风情游”为特色的美丽山村；“东山香樟园”凭借源远流长的秦淮水文化和独树一帜的百亩香樟大树园，打造以“绿色家园休闲游”为特色的城郊农家乐示范村。在这里，“世凹桃源”“石塘人家”“汤山七坊”“朱门农家”和“东山香樟园”是江宁区休闲农业“五朵金花”示范村的五个要素，由于其各具特色、互为联系，形成一个有机的整体。

二是统筹要素建设。即将农业旅游项目或活动各相关内、外要素统筹来建设，统筹编制要素建设规划，统筹使用建设人员，统筹安排建设资金，统筹进行要素建设，使要素建设自始至终都在同一框架内统筹进行。“五朵金花”在内部要素建设中，统筹融入财政资金、社会资本和农户投入 3.2 亿元建设资金，有机结合城乡统筹、生态文明及现代农业开发建设，新建拓宽村级道路 15 千米，改造出新农户房屋 288 栋，兴办农家乐土菜馆、农家旅馆和民俗作坊 114 家；同时，统一采用独具江宁特色的“1＋3”组织管理架构，即：农家乐示范党组织＋农家乐旅游服务中心（便民服务中心）——农家乐合作社——农家乐行业协会。

在行内要素建设中，“美丽乡村”建设与“绿色生态文明”建设紧密结合，即有机地融合美丽乡村建设、农村环境综合整治、统筹城乡发展等，突出抓好柴草堆、粪堆、垃圾堆“三清理”，全面实施改水、改灶、改厕、改圈“四改造”，重点开展生活垃圾、生活污水、农业废弃物、河道沟塘水体“四整治”；切实将绿色生态指标作为一项硬性指标加以固化，做到村庄林木覆盖率占地面积的 50%，一家一户的“农家乐”绿化覆盖率不低于占地面积的 40%。

在外部要素建设中，与带动当地农民创业致富和领导干部下基层结对帮促紧密结合，以文件形式明确了项目申报村农家乐经营户数不少于 20 户，本地农民经营户占 60%以上，从而实现住宅变别墅、农民变老板、农副产品变旅游商品；区委办、区纪委、区委组织部、宣传部、统战部、政法委等 40 个部委办局，分 5 组组团帮扶 5 个示范村，共拟定个性化帮扶项目超过 60 个，累计投入帮扶资金和物资近 5 000 万元，从而使其成为率先基本实现现代化的新样板和大都市郊区农村绿色发展的新路径。

三是科学衔接链条。即采取科学、有力的措施，使农业旅游要素有机地衔接起来，形成一个整体性的链条。江宁区在建设“五朵金花”中，学习先进经验，突出规划引路，即借鉴四川成都、浙江安吉等先进地区的经验做法，更加注重从“新建”农村回归到“本味”农村，从“农家乐”升级到“乡村旅游”，从“村民自发”到“政府引导”，从“典型带动”到“区城联动”；明确思路，突出彰显特色，即明确“服务城市需求，彰显区域特色”的发展思路，紧扣一、二、三产结合，坚持以农业为基础，农民为主体，农村为特色；加强服务指导，突出规范管理，即在项目建设中，强化资金投入效率的评估及建设规模、模式、内容的可行性论证；创新投入机制，突出精品打造，即认真落实上级有关扶持、优惠政策，创新、完善资本投入机制，丰富建设资本的多元化投入，鼓励和支持各类资本以协作、参股、合作、独资、土地入股等多种形式参与建设。

四、文化建设

任何事物的产生、形成和发展都会淀积和形成相应的文化，而文化的形成和发展又会反作用于相应的事物，引领、促进相应事物更好更快地向前发展。农业旅游要素和谐建设也不例外。在文化建设中，和谐、旅游、农业三要素自然应成为农业旅游要素和谐文化建设的关键。

农业旅游要素和谐文化建设应从“软”和“硬”两方面着手。“软”方面，就是用文化艺术的形式来提升之、塑造之、灌输之。文化艺术的形式包括文学、歌舞、影视、书画等。例如，可用报告文学来讴歌“五朵金花”的建设成就。“硬”方面，则是将农业旅游要素和谐的文化元素、特别是和谐、旅游、农业的文化元素提取出来，制作成抽象化、艺术化的文化元素符号，有机地融入相关的物体中，如员工的服装上、游客的用品上、旅游指南的资料上和农业观光园的塑像上。

如此，就能使农业旅游要素在统一、和谐的文化的作用下表现出和谐。显然，在所有的农业旅游要素中融入“软”的文化，就能形成统一、和谐的文化氛围；在所有的农业旅游要素中融入“硬”的文化，就能使农业旅游要素在文化元素的作用下表现一致，形成一致。如果说“软”的文化形成的是无形的统一、和谐的话，那么，“硬”的文化形成的是有形的统一、和谐。

五、机制建设

如果说文化可从“软”的方面规范、约束人们的行为的话，那么，机制则可从“硬”的方面规范、约束人们的行为。因此，在农业旅游要素和谐建设中，既要从文化方面建设，也要从机制方面建设。

农业旅游要素和谐机制建设主要是制定各种相关的制度。制定的各种相关制度应包括如下几方面：一是农业旅游土地资源管理办法；二是农业旅游景观管理办法；三是农业旅游设施管理办法；四是农业旅游活动组织办法；五是农业审美产品市场管理办法；六是农业旅游企业管理方法；七是农业旅游从业人员管理办法；八是农业旅游资金管理办法。

在制定制度中，应坚持如下几项原则：一是切实原则，即所制定的制度必须符合农业旅游要素和谐建设的客观实际，可实施，可操作；二是规范原则，即所制定的制度必须符合一般制度的制定要求，行文规范，条理清楚，职责分明；三是科学原则，即所制定的制度必须科学，必须是管理科学在农业旅游要素和谐管理中的具体的、客观的反映，理论上成熟，逻辑上缜密，条文上具体，操作上可行；四是全面原则，即所制定的制度应涉及项目管理、人员管理、资金管理、技术管理和物资管理等各个方面，应是一个周密的、全面的管理体系。

附录一 APPENDIX 1

全国休闲农业与乡村旅游示范县基本条件

一、规划编制科学

示范县休闲农业与乡村旅游建设规划应符合当地经济社会和农业、旅游业发展规划要求，发展思路清晰，目标市场定位准确，布局结构合理，工作措施有力。

二、扶持政策完善

当地党委政府认真贯彻党中央、国务院关于加强“三农”和旅游工作的方针政策，根据本县休闲农业与乡村旅游发展的实际需求，出台了较为完善的扶持政策和工作措施。

三、工作体系健全

明确休闲农业与乡村旅游管理职能和主管部门，有健全的管理制度、统计制度、教育培训制度，及时掌握行业发展动态。加强服务平台建设，已建立休闲农业与乡村旅游行业协会等行业自律组织。重视服务能力提升，能围绕信息服务、创业辅导、融资担保、市场推介、教育培训、管理咨询等为企业提供有效服务。

四、行业管理规范

建立了统一的管理制度和行业标准，对现代农业科技园、休闲农庄、观光采摘园、民俗村及连片的农家乐等实行标准化管理，近三年内无安全生产和食品质量安全事故发生。园区建设规范，无擅自占用耕地和基本农田修建休闲旅游基础设施行为，无以破坏农业生产为代价发展休闲农业与乡村旅游现象，没有发生污染环境和破坏生态资源事件。

五、基础条件完备

县域范围具备良好的基础设施条件和完善的接待服务能力。休闲农业与乡村旅游点要做到通路、通水、通电，通信网络畅通，要有路标、有指示牌、有停车场，住宿、餐饮、娱乐、卫生等基础设施要达到相应的建设规范和公共安全卫生标准。生产和生活垃圾、污水实行无害化处理和综合利用。具有农耕文化展示、农业科学知识普及教育功能的园区，要做到设施齐全、先进实用。

六、产业优势突出

在全省范围内有一定知名度的休闲农业与乡村旅游点 10 个以上；休闲农业与乡村旅游点分布在全县 30%以上的乡镇区域，形成一定规模的休闲农业与乡村旅游产业带或集聚区；主要休闲农业与乡村旅游点要有地域、民俗和文化特色，有吸引力较强的体验项目和餐饮、服务功能。能够依托当地特色种植业、养殖业和农产品加工业开发设计休闲农业与乡村旅游产品。

七、发展成效显著

休闲农业与乡村旅游主要经济指标在全省处于领先水平。年接待游客 100 万人次以上，农民受益面 30%以上，从业人员中农民就业比例达到 60%以上，从业人员 30%以上取得相应的职业资格证书或 60%以上接受专门培训。

摘自《农业部、国家旅游局关于开展全国休闲农业与乡村旅游示范县和全国休闲农业示范点创建活动的意见》。

附录二 APPENDIX 2

全国休闲农业示范点基本条件

一、示范带动作用强

休闲农业与乡村旅游项目符合当地规划布局和有关要求，并得到相关部门批准。能够紧紧围绕当地农业生产过程、农民劳动生活、农村乡土人情开发休闲产品，周边农民能够广泛参与和直接受益。通过项目建设，对当地经济发展、农民就业增收和新农村建设起到了重要的带动作用。

二、经营管理规范

遵守国家法律法规，诚实守信，依法经营，依法纳税，热心公益事业，社会形象良好。管理制度完善，岗位责任明确，接待服务规范。近三年内没有发生安全生产事故和食品质量安全事故，无拖欠职工工资和损害职工合法权益现象。

三、服务功能完善

园区规划科学，布局合理，休闲项目特色鲜明，功能突出，知识性、趣味性、体验性强。客房、餐厅干净整洁，卫生设施达标。通讯、网络等设施顺畅。农耕文化展示和农业科技普及、教育等设施完善。机电、游览、娱乐等设备完好，运行正常，无安全隐患。

四、基础设施健全

道路通畅，路标、说明牌、路灯、停车场健全。消防、安保、救护等设备完好、有效。无违规建筑和占用耕地乱搭滥建现象。建立了符合环保标准的污水和生活垃圾处理设施，生产和生活垃圾实行无害化处理和综合利用，近三年内没有发生污染环境等问题。

五、从业人员素质较高

高度重视提高员工素质，注重加强人才培养。有完善的培训制度，健全的管理机制，坚持开展经常性的业务培训，上岗人员培训率达 100%，关键和重点岗位人员持证上岗。

六、发展成长性好

主导产业特色突出，坚持标准化生产和产业化经营，所产农产品要达到无公害、绿色或有机农产品标准。近三年示范点总资产、销售收入和利税等主要经济指标稳定增长。当年营业收入要达到1 000万元以上，年接待游客 10 万人次以上，吸纳当地农村劳动力占职工总数的 60%以上。

摘自《农业部、国家旅游局关于开展全国休闲农业与乡村旅游示范县和全国休闲农业示范点创建活动的意见》。

附录三 APPENDIX 3

农业部“美丽乡村”创建目标体系

为指导和规范“美丽乡村”创建工作，依据《农业部办公厅关于开展“美丽乡村”创建活动的意见》精神，特制定本目标体系。

一、总体目标

按照生产、生活、生态和谐发展的要求，坚持“科学规划、目标引导、试点先行、注重实效”的原则，以政策、人才、科技、组织为支撑，以发展农业生产、改善人居环境、传承生态文化、培育文明新风为途径，构建与资源环境相协调的农村生产生活方式，打造“生态宜居、生产高效、生活美好、人文和谐”的示范典型，形成各具特色的“美丽乡村”发展模式，进一步丰富和提升新农村建设内涵，全面推进现代农业发展、生态文明建设和农村社会管理。

二、分类目标

（一）产业发展

1. 产业形态。主导产业明晰，产业集中度高，每个乡村有1～2个主导产业；当地农民（不含外出务工人员）从主导产业中获得的收入占总收入的80%以上；形成从生产、贮运、加工到流通的产业链条并逐步拓展延伸；产业发展和农民收入增速在本县域处于领先水平；注重培育和推广“三品一标”，无农产品质量安全事故。

2. 生产方式。按照“增产增效并重、良种良法配套、农机农艺结合、生产生态协调”的要求，稳步推进农业技术集成化、劳动过程机械化、生产经营信息化，实现农业基础设施配套完善，标准化生产技术普及率达到90%；土地等自然资源适度规模经营稳步推进；适宜机械化操作的地区（或产业）机械化综合作业率达到90%以上。

3. 资源利用。资源利用集约高效，农业废弃物循环利用，土地产出率、农业水资源利用率、农药化肥利用率和农膜回收率高于本县域平均水平；秸秆综合利用率达到95%以上，农业投入品包装回收率达到95%以上，人畜粪便处理利用率达到95%以上，病死畜禽无害化处理率达到100%。

4. 经营服务。新型农业经营主体逐步成为生产经营活动的骨干力量；新型农业社会化服务体系比较健全，农民合作社、专业服务公司、专业技术协会、涉农企业等经营性服务组织作用明显；农业生产经营活动所需的政策、农资、科技、金融、市场信息等服务到位。

（二）生活舒适

5. 经济宽裕。集体经济条件良好，一村一品或一镇一业发展良好，农民收入水平在本县域内高于平均水平，改善生产、生活的愿望强烈且具备一定的投入能力。

6. 生活环境。农村公共基础设施完善、布局合理、功能配套，乡村景观设计科学，村容村貌整洁有序，河塘沟渠得到综合治理；生产生活实现分区，主要道路硬化；人畜饮水设施完善、安全达标；生活垃圾、污水处理利用设施完善，处理利用率达到95%以上。

7. 居住条件。住宅美观舒适，大力推广应用农村节能建筑；清洁能源普及，农村沼气、太阳能、小风电、微水电等可再生能源在适宜地区得到普遍推广应用；省柴节煤炉灶炕等生活节能产品广泛使用；环境卫生设施配套，改厨、改厕全面完成。

8. 综合服务。交通出行便利快捷，商业服务能满足日常生活需要，用水、用电、用气和通信等生活服务设施齐全，维护到位，村民满意度高。

（三）民生和谐

9. 权益维护。创新集体经济的有效发展形式，增强集体经济组织实力和服务能力，保障农民土地承包经营权、宅基地使用权和集体经济收益分配权等财产性权利。

10. 安全保障。遵纪守法形成风气，社会治安良好有序；无刑事犯罪和群体性事件，无生产和火灾安全隐患，防灾减灾措施到位，居民安全感强。

11. 基础教育。教育设施齐全，义务教育普及，适龄儿童入学率100%，学前教育能满足需求。

12. 医疗养老。新型农村合作医疗普及，农村卫生医疗设施健全，基本卫生服务到位；养老保险全覆盖，老弱病残贫等得到妥善救济和安置，农民无后顾之忧。

（四）文化传承

13. 乡风民俗。民风朴实、文明和谐，崇尚科学、反对迷信，明理诚信、尊老爱幼，勤劳节俭、奉献社会。

14. 农耕文化。传统建筑、民族服饰、农民艺术、民间传说、农谚民谣、生产生活习俗、农业文化遗产得到有效保护和传承。

15. 文体活动。文化体育活动经常性开展，有计划、有投入、有组织、有设施，群众参与度高、幸福感强。

16. 乡村休闲。自然景观和人文景点等旅游资源得到保护性挖掘，民间传统手工艺得到发扬光大，特色饮食得到传承和发展，农家乐等乡村旅游和休闲娱乐得到健康发展。

（五）支撑保障

17. 规划编制。试点乡村要按照"美丽乡村"创建工作总体要求，在当地政府指导下，根据自身特点和实际需要，编制详细、明确、可行的建设规划，在产业发展、村庄整治、农民素质、文化建设等方面明确相应的目标和措施。

18. 组织建设。基层组织健全、班子团结、领导有力，基层党组织的战斗堡垒作用和党员先锋模范作用充分发挥；土地承包管理、集体资产管理、农民负担管理、公益事业建设和村务公开、民主选举等制度得到有效落实。

19. 科技支撑。农业生产、农村生活的新技术、新成果得到广泛应用，公益性农技推广服务到位，村有农民技术员和科技示范户，农民学科技、用科技的热情高。

20. 职业培训。新型农民培训全覆盖，培育一批种养大户、家庭农场、农民专业合作社、农业产业化龙头企业等新型农业生产经营主体，农民科学文化素养得到提升。

摘自农业部办公厅《农业部“美丽乡村”创建目标体系》。

附录四 APPENDIX 4

中国美丽田园推介标准

被推介的农事景观应该特色明显，景色迷人，在全国同类景观中具有一定的知名度和影响力。具体为：

一、产业规模大

拟推荐的农事景观应该具有一定的规模和明确的区域，农业生产功能与休闲功能有机结合，农民参与程度高，在当地农民增收中作用突出。

二、体验类型多

农事景观所在地政府能够组织农民围绕农事景观开展农事节庆、婚纱摄影、休闲体验等多项休闲农业活动，在社会上有一定的知名度和影响力。

三、生态条件好

农事景观所在区域原生态保持完整，农耕文明、田园风貌、民俗文化得到传承展示，环境优美、场面宏大、景色迷人、特色明显，观赏时间相对固定。

四、配套环境优

围绕农事景观开展休闲农业活动时，具有良好的基础配套设施，交通便利，食宿卫生，安全有保障，能够满足游客休闲体验娱乐的需要。

摘自农业部办公厅《农业部办公厅关于开展中国美丽田园推介活动的通知》。

附录五 APPENDIX 5

最美休闲乡村选介

一、新疆生产建设兵团第十师一八一团克木齐社区二连

新疆兵团第十师一八一团克木齐社区二连位于阿勒泰市西北角，距216国道以西6千米，离阿勒泰机场9千米，距阿勒泰市17千米，北屯市54千米，半小时经济圈达17万人，区位优势显著。二连总控制面积1.73万亩，耕地面积1.26万亩。现有总人口1 026人，主要由戍边战士、知青与内地移民构成，具有农耕文化的传承性与包容性。

二连所处的位置是阿勒泰山麓低丘陵区的一个小型盆地，克木齐河由西北向东南流经垦区西缘出克木齐山口，因周围高山屏障作用，该垦区风少，早晚温差大，没有蚊蝇，适宜种植各类瓜果、蔬菜，自然景观具有田园风光特色，有塞外江南的美称。

二、厦门市同安区顶村村

顶村村位于厦门市西北部山区，西北与泉州市的南安市、安溪县接壤，是同安区汀溪镇的“后花园”，面积 6.67 平方千米，平均海拔 450 米，有耕地 620 亩，山地 9 630 亩，森林覆盖率达 80%以上，水资源丰沛。辖 4 个自然村，农户 189 户，人口 670 人。拥有 600 多亩天然茭白湿地公园，1 万多亩的生态公益林，森林覆盖率 84%，有天然的美丽山川，原生态的山林、小溪、湿地、农田，有闽南特色古民居群。山村交通便捷，距同安城区 20 千米，依山傍水，山环水绕，民风淳朴，和谐安详，自然田园与古民居、新村相得益彰，人文景观与深山鸟鸣、潺潺流水相映成趣。

三、新疆维吾尔自治区尼勒克县加哈乌拉斯台村

加哈乌拉斯台村位于尼勒克县城以西 18 千米处，是尼勒克县加哈乌拉斯台乡直属村，该村属于农牧业结合村。全村总面积 10.9 万亩。东与加哈乌拉斯台乡库斯仁村接壤，西与喀拉苏乡相连，南边为喀什河。

加哈乌拉斯台村交通便利，位于省道 315 沿线，来往于尼勒克各县市的客货运车辆络绎不绝。生态环境优美，空气湿润、土壤肥沃、植被丰富，该村位于喀什河北岸，喀什河带来的湿润空气使得

该村空气非常湿润。历史上古老的民族常年在此地放牧形成的丰厚养料，使得该村土壤十分肥沃，为农业、林果业的发展创造了良好条件。

四、宁夏回族自治区西吉县龙王坝村

西吉县是西海固回民起义的地方，建于民国 31 年（1942 年），以境内席芨滩演化得名。西吉县位于宁夏回族自治区南部，六盘山西麓。东西长 67 千米，南北宽 74 千米。东距固原市 63 千米，北距银川市391千米。全县地处黄土高原中心地带，地势南低，北、东、西渐次增高，平均海拔2 400米，境内有葫芦河、清水河、祖厉河三条水系，均属季节性河流。旅游资源丰富，有战国秦长城遗址，有扫竹岭、蝉佛寺、石城等自然景观，有西北地区少有的喀斯特地貌和南北朝时建造的石窟群。

西吉东南部距县城20多千米的战国秦长城遗迹，为宁夏回族自治区人民政府和西吉县人民政府重点保护的远古遗迹。北部土石山区的火石寨乡部分地带，林木葱茏，草原植被好，流水清澈，重峦叠嶂，奇峰高耸。扫竹岭（亦称云台山、西武当山）、蝉佛寺、石寺山、石城等，山势险峻，景致壮观。南北朝时建有石窟群，佛像造型功力深厚。火石寨的自然景观如画，是夏日理想的旅游地。自然景观还有海原大地震时形成的堰塞湖、党家岔震湖等。另外，西吉县人文景观十分丰富，有中国工农红军长征将台堡会师纪念碑，单家集毛主席纪念碑，被誉为“华夏古钱币收藏第一县”的西吉钱币馆，好水之战遗址，石城之战遗址等。

五、甘肃省和政县吊滩村

和政县吊滩村隶属于甘肃省临夏回族自治州，位于北纬24°85′～35°20′，东经23°23′～103°17′。全县总面积960平方千米，

县城距省城兰州市 100 千米，距州府临夏市 33 千米。和政县地处黄土高原与青藏高原交汇地带，南北袤延 46 千米，东西宽广 37.5 千米。和政县 2013 年完成生产总值 11.96 亿元，比 2012 年增长 16.5%。全县总人口 20.81 万人。

和政县东向翻山过河达广河、康乐境；南向越岭透峡接卓尼、合作地；西向跨梁绕壑至临夏县；北向穿谷走洼抵临夏、东乡域。境内河流纵横，地势南高北低，山多川少，森林覆盖率 29% ，植被覆盖率 80% 以上，被誉为“陇上绿色明珠”。

六、贵州省黄果树县滑石哨村

滑石哨在离黄果树瀑布不远的地方，那是一个风景秀丽的布依村寨。滑石哨属贵州省关岭布依族苗族自治县白水乡。滑石哨，布依语意为“一块大的扁石板”，因寨子建在大小不等的扁石板上而得名。其地处河谷地带，海拔 900 米，为亚热带气候，整个寨子呈蜂腰形，坐西向东，背靠小米坡，面向红岩山，寨前白水河由北向南流过。从寨子向南看是白虎山，北面是青龙山，整个寨子在青山环抱之中。

据说，明洪武年间，贵州一带战争连绵，朱元璋“调北征南”，迫使士兵们这里打仗，战后不准回乡，他们便留在了贵州。这其中的一支就在滑石哨定居下来。从这样的传说看，滑石哨与安顺一带屯堡文化似有渊源关系。至今，寨子里一户伍姓人家还保存着一张乾隆十四年（公元 1749 年）的契约，上面“滑石哨”三字清晰可辨。

滑石哨的自然环境十分清幽，寨子周围是近百亩翠绿山林，其间有参天的树木，还杂有许多灌木。绿树掩隐了村寨，行人往往要走进寨子，才能看到房屋和院落。进入寨子，家家房前屋后都有一丛丛的竹子，有粗壮的斑竹，有挺拔翠绿的绵竹，还有纤巧的金竹。寨内还有十多株伞状的大榕树，最大的一株，覆盖约一亩多土地。滑石哨人将榕树称作黄桷树，黄桷树是村民的保寨树、风水树，也是滑石哨人崇拜的神树。这里的榕树一年中有 11 个月不落叶，只是在 2 月落叶，好像是要换上一身新装似的。落叶后便发出像毛笔一样的枝条，先黄后绿，才长出嫩叶。到了 3 月，又是绿叶满树了。寨子内种有不少柚子树、黄果树、柿子树，入秋以后，果实累累，整个村寨一派丰产景象。

七、云南省巍山县东莲花村

东莲花村是典型的回族村落，坐落于云南省巍山县永建镇，红河支流米汤河畔，三面环水，环境优美，民风民俗浓郁，民族文化多姿多彩，30余处具有独特建筑风格和深厚历史文化内涵的古建筑至今保存完好，较完整地反映了当地的传统文化风貌和地方民族特色。

纯回族居住的东莲花村由于古村落风貌保存完好、古风犹存，伊斯兰民族文化风情浓郁，于2008年年底被国家住房和城乡建设部、国家文物局批准成为“国家历史文化名村”。该村至今不仅完好保存着建于近代的5座碉楼及具有三房一照壁、四合五天井、走马转阁楼等式样特点的古民居28座，还完整保留了回族村庄风貌，在宗教、古建筑、民族饮食、回族风情习俗等方面保存着丰富浓厚的传统文化。

八、四川省苍溪县文家角村

苍溪县石门乡文家角村距县城23千米，是省级示范新村、万亩现代农业柳池示范园区和国家AAA级旅游景区。近年来，文家角村通过弘扬传统文化，传承和发扬带有浓烈大巴山情结的石门山歌，在形式、内容、传载方式上不断创新，在柳池坝乡村公园修建石刻山歌艺术墙和健身文化广场，成立了山歌艺人传唱队，辅以车灯、舞狮表演进行广泛传唱，极大丰富了当地村民的文化生活，石

门山歌已被纳入市级非物质文化遗产。

与此同时，该村立足农村实际，始终坚持把提高休闲农业与乡村旅游效益和新农村建设、实现农民增收结合起来，打造出柳池万亩省级现代农业示范园区，融专业生产、加工、科考、观光为一体的特色产业园区，形成了特色鲜明的“春观花、夏避暑、秋品果、冬赏歌”的生态家园观光游和“住农家院、吃农家饭、摘农家果、享农家乐”的生态农业体验游。

九、重庆市巴南区集体村

巴南区历史悠久，前身是千年历史名邑巴县，早在 3000 多年前的商代，巴人就在此繁衍生息，立国建都。秦代置巴郡，北周时改称巴县并沿袭至 1994 年。1994 年 12 月经国务院批准撤县建立巴南区，现下辖 8 个街道、14 个镇，辖区面积 1 825 平方千米，总人口 92 万。历史上，巴县先后涌现出“宁抛头颅不丢寸土”的英雄将军巴蔓子、“革命军中马前卒”邹容、孙中山大元帅府秘书长杨沧白、新中国首任女大使丁雪松等优秀儿女。

巴南区区位优越。位于重庆主城南部，属主城九区之一，东与涪陵、南川接壤，南与綦江相连，西与江津、九龙坡、大渡口毗邻，北与南岸、江北、渝北、长寿交界。区政府驻地龙洲湾距市中心 8 千米、距重庆机场 45 千米、重庆火车站 22 千米、重庆港口

23 千米，长江流经境内 60 余千米，有 544 平方千米属重庆一小时经济圈核心层，占整个核心层范围的五分之一，具有广阔的发展空间。

十、海南省三亚市槟榔村

槟榔村位于海南省三亚市凤凰镇东北侧，因傍依槟榔河，盛产槟榔树而得名，是一个纯黎族行政村，辖 15 个村民小组，1 015 户，总人口 5 863 人，总耕地面积 8 000 亩，以种植水稻、大棚瓜菜、槟榔、芒果、兰花等为主。如今的槟榔村村容村貌整洁，基础设施不断完善；生态文化繁荣，群众文化生活丰富且形式多样；村民的教育培训有序进行，民风纯朴；设施农业、冬季瓜菜、生态旅游业兴旺。2008 年人均年收入 6 036 元，森林覆盖率达到 85%以上，空气清新、环境优美。三亚槟榔河 AAAAA 级乡村旅游度假区总规划面积约 9 平方千米，包括槟榔河及其周边 15 个村庄。项目采取分期建设，计划总投资额为 15 亿元，建设期限为 6 年。主要建设有槟榔河农家乐旅游小镇、设施农业片区、非物质文化遗产基地、黎侗文化乐园、凤凰谷养生中心。

附录六 APPENDIX 6

美丽田园选介

一、上海市奉贤区庄行油菜花景观

作为上海奉贤农业旅游三个集聚区之一的庄行金色田园，位于上海市奉贤区庄行镇，东靠南桥新城，南连柘林镇，西同金山、松江毗邻，北枕黄浦江，与闵行区隔江相望，离上海市中心约 50 千米。占地 2 万余亩，其中潘垫核心区占地 1 800 亩。现已形成万亩蜜梨、万亩蔬菜、万亩粮田、万亩水产连同集中种植的 3 000 亩油菜花“五大基地”，展现出得天独厚的绿色风貌，为上海大都市增添了一叶“绿肺”。

二、重庆市巫山县万亩油菜花景观

油菜古名“云台”，又名胡菜，是江津区油料作物的首位。清乾隆以前，栽培已遍及全区。现油菜种植面积达10万亩。在油菜开花期，到此观光的游客达3万余人次。

三、四川省泸州市江阳区油菜花景观

永兴村位于泸州市江阳区黄舣镇场镇正东方向，距泸州酒业园

区 2 千米，距泸州城区 14 千米。全村幅员 5.02 平方千米，下辖 11 个农业合作社，1 089 户，总人口 3 999 人。目前，已建成油菜 3 000 余亩，实现了规模化种植。同时，农户以土地入股，每年可获得“保底收益＋盈利股红＋农民务工＋园区工资＋旅游收入”五份收入。同时，永兴村依托油菜种植形成的农业地景和黄舣镇“沿江龙眼长廊”的秀美风景，开发踏青节、高粱节、桂圆节等特色旅游项目，形成了“春观菜花、夏赏红粮、秋品桂圆”的乡村旅游品牌。

四、江苏省南京市高淳区慢城油菜花景观

阳春三月风光好，慢城尽开黄金花。勤劳朴实的高淳人民历来都有种植油菜的传统，每年的 3 月初至 4 月底，中国唯一“国际慢城”内油菜花盛开，全长 48 千米的“桠溪生态之旅”两侧，50 平方千米区域内，一朵朵油菜花簇成一团，连绵成一望无际的花海。这里，地处偏远但风景如画，宁静致远，素来具有全域美生态、全境新业态、全民好心态的鲜明基底。为在更广范围更高层次宣传“国际慢城”高淳跨越发展之新、推介高淳山川形胜之美，“中国·高淳国际慢城金花旅游节”已连续举办了六届，相继开展慢城吉祥物发行、春节“帐篷大会”、甜蜜漫高淳“金色婚礼、情定慢城”

婚纱摄影、江苏省文艺家创作、“千人计划”高淳高峰论坛、“五朵金花”寻觅之旅、慢城少儿风筝会、“采摘春桠”慢城春茶品鉴会、养生农产品展销、“桠俗共赏”农家民俗表演、自驾游等。期间，四面八方的中外游客纷至沓来，与春天的金色花海相拥，与原真的绿水青山相融，与悠深的历史人文相知，与淳朴的乡风民俗相遇，亲临感受“满城尽是黄金花”的美妙，品味品鉴品悟国际慢城这片钟灵毓秀的净地，分享高淳和谐和畅之情。

五、云南省腾冲县万亩油菜花景观

界头镇是腾冲的主要油菜产区，15 万亩油菜花使其成为高黎贡山环抱中的美丽“花园盆地”，四面青山环抱，森林覆盖率 75%，自然生态环境优美，春季处处是满田金黄油菜花飘香，夏季又是绿油油的万顷禾苗，秋季随处可见满山硕果累累，冬季高黎贡山皑皑白雪就在眼前，一年四季景色无限，田园风光美不胜收。在腾泸二级公路修通后，从县城到界头只需 1 小时车程。每年界头种植油菜达 15 万亩，每年 2 月初至 3 月中下旬，是油菜的盛花期，是观赏“十万花海”最佳时期，真正是“村在林中、林在田中、人在画中”。整个田园坝子绿树掩映，林果飘香，村前花海成片，阡陌纵横，田园农舍，潺潺溪流，相映成趣。放眼望去，呈现出山在天底、林在山怀、屋在树下、人在画里、四季分明的天地人和、山水田园画卷。

六、安徽省望江县沿江油菜花景观

望江县沿江油菜花景观点，依皖江，挟两湖（武昌湖、泊湖），沧海桑田，如今已变成万亩花田。历史的沧海感、传统的农耕文明与现代新农村的气象在此地交相辉映，遍地是“金花（油菜花）”和“银花（棉花）”，油菜花开花季节，沿江堤观光，白的是浩浩长江水，黄的是油菜花，置身花海，百里飘香，蜂鸣鸟语，一派世外桃源景象。登上漳湖过江塔，临塔俯瞰，长江如一条白色的长龙依偎在油菜花丛中，走进漳湖镇回民村，不仅能观赏伊斯兰风情建筑和回民在油菜地劳作的场景，而且沿途还能走进众多蜂农的小屋，观看蜜蜂采花和养蜂人采蜜，品尝到绵甜可口的蜂蜜。

七、陕西省南郑县油菜花景观

南郑县位于汉中盆地西南部，素有“西北小江南”之美誉，生态环境优越。每年春天，沿汉水以南的平川、丘陵、山区 23 万亩错落有致的油菜花，犹如一幅幅天然的国画长卷，把南郑秀美的大

地装扮得楚楚动人。油菜种植主要在南郑县平川丘陵地带，每年3—4月开花，来到田野，犹如进入了一片金色的花海，一座座村庄镶嵌在花海之中。大片油菜花夹杂着小麦、茶叶、中药材等经济作物，黄绿相交，错落有致，极具特色。特别是在汉山顶登高远望，湖光山色，花海人家，更是迷人。

八、甘肃省永昌县油菜花景观

永昌县新城子镇地处祁连山北麓浅山区，海拔 2 100 米以上，属高原冷凉灌区，是种植油菜籽的最佳产地。随着近几年的土地流转，油菜的种植面积逐步扩大，已形成规模化种植。2014 年，全镇共种植油菜 9 000 多亩。浓艳的黄花，在高原深蓝的天空下，与远山近水，村落人家相辉映，近看远观皆为美景。7 月中旬，油菜花竞相怒放，花景与当地的蓝天白云、高山流水、林海草原和独有的民居、蜂农等交相辉映，变幻出一道道独具特色的迷人风光，令无数游客迷醉其间。

九、青海省祁连县卓尔山油菜景观

青海省祁连县卓尔山属于丹霞地貌，由红色砂岩、砾岩组成。藏语称为“宗穆玛釉玛”，意为美丽的红润皇后。卓尔山景区项目建设地位于祁连县八宝镇，紧靠八宝河与藏区神山阿咪东索（牛心山）隔河相望。由于气候的原因，盛夏七月的祁连山地，正是油菜花盛开的季节，在卓尔山周围，到处绽放着金黄色的花朵，是卓尔山油菜花景区最佳观赏时间。站在卓儿山顶视野极度开阔，四周没有任何遮拦，山对面是尽览四季景色的牛心山，左右两侧分别是拉洞峡和白杨沟风景区，背面是连绵起伏的祁连山，山脚下滔滔八宝河像一条白色的哈达环绕在县城周边……处处美景，宛如仙境，在阳光的照耀下、在延绵的起伏中，给您带来美好的享受和无尽的遐想。

十、新疆生产建设兵团第四师76团油菜花景观

新疆兵团昭苏万亩油菜花种植面积30万亩，每逢花季，飘香四溢，蜂飞蝶舞。漫无边际的油菜花被誉为“中国油菜之乡”。广袤的草原，优质的草场，为发展畜牧业提供绝好的条件。这里是国家有机牛羊肉生产基地，年出栏牲畜10余万头（只），肉产量4 000余吨，牛奶产量6 000余吨，羊毛300余吨。野生动植物资源丰富，境内有雪豹、狼、狐狸、雪鸡、野鸡、黄羊、野兔等野生动物和贝母、柴胡、篙本、椒蒿、各种菌类等上百种野生植物。这里夏季凉爽宜人，空气清新，是避暑的良好场所；秋季山花烂漫，油菜花、紫香苏花、马铃薯花与天山、雪绒、云松相连，是观赏农业、草原的好去处；冬季积雪盈尺，高不胜寒，是滑雪的天然乐园。有中哈友谊桥，乾隆皇帝亲书的格登山记功碑，观光农业风景区，边境线风景区，大草原旅游点，少数民族民俗特色游等。

附录七 APPENDIX 7

美丽农庄选介

一、江西省现代生态农业示范园（江西省凤凰沟风景区）

江西省现代生态农业示范园，又名凤凰沟风景区，曾用名昌南生态园，园区拥有 5 000 多亩景观树木、2 000 多亩茶园、600 多亩果园、100 余亩蚕桑园、1 000 多亩水面和 2 千米长的抚河等资源，集成了丝绸的源点、茶的海洋、百果飘香、山花烂漫等丰富的农业旅游资源和自然生态资源，融合了传统的蚕桑丝绸文化、茶文化等特色以及现代农业科技资源等亮点。区内连绵不绝的茶园、郁郁葱葱的景观树、绿油油的桑园构成了景区最富有生机活力的绿地背景。园内绿树成荫，山清水秀，鸟语花香，环境幽静，空气清新，植被覆盖率达 85%以上，且四季有景有花。春季有让人陶醉的玉兰、碧桃、梨花、樱花及海棠等；夏季有烂漫的紫薇、木槿及荷花；秋季有芬芳四溢的桂花，火红的枫林，金黄的银杏林等；冬季有茶梅、茶花等。常年有果，冬春有草莓，夏日有桑葚、桃、杨梅、早熟梨，秋天有柑橘和柚子。以白浪湖水库为代表的众多山塘、水库点缀其间，如绿宝石般，增强了景区的灵气，东部紧靠抚河水系还可欣赏到丰富的河道沙滩景观。整个园区具备了生态优美、文化深厚的特色，具备了开展农业观光、休闲、体验、科普的良好条件，被誉为“生态宝园”、“人间仙境”。

近年来，凤凰沟风景区充分发挥利用自身珍贵的农业旅游资源和自然生态资源，把旅游开发定位于“生态休闲农业旅游”，精心打造“城市后花园”。自2008年7月以来，在“完善景点，大力发展旅游”的理念下，投巨资在景区内打造“江西省现代生态农业示范园”，如今已形成了空间相对独立、功能紧密互补的“八区二馆一站一基地”的整体格局。

二、辽河湿地·鼎翔休闲农业与生态旅游园区

辽河湿地·鼎翔休闲农业与生态旅游园区位于盘锦市西郊，地处辽河与绕阳河交汇处，坐落在辽河三角洲滨海平原上，占地10.8万亩，归属辽宁盘锦鼎翔农工建（集团）有限公司管辖。鼎翔生态农业观光园占地3 000余亩，栽植种类繁多的观赏性植物、应季水果、蔬菜和各种农作物，游客可根据不同时间段采摘、品尝各种有机果蔬、认养土地，并参与各项农事活动。园区内近千亩的天然林里，栖息着5万多只以鹭鸟为主的各种野生鸟类。游客在观鸟楼和观鸟长廊可通过不同方式观赏到它们其乐融融的生活景象。与鼎翔生态农业观光园相比邻的苇海蟹滩景区，位于世界第一大芦苇湿地一隅，占地万余亩，生长着大片的芦苇和香蒲等挺水植物，景区内的坑塘和沟渠里生活着各种鱼类和蟹类。游客通过游船和步行栈道感受世界第一大芦苇湿地浩瀚之外，还可进行采芦花、钓鱼、钓蟹等丰富多彩的项目。

三、神农庄园（吉林市神农庄园有限责任公司）

吉林市神农庄园有限公司成立于2007年，坐落于美丽的北国江城——吉林市。现有资产5亿元，占地面积500万平方米，营业面积5.6万平方米，年综合接待能力50万人次。被农业部、国家旅游局评为“全国休闲农业及乡村旅游五星级企业”、“全国十佳休闲农庄”、“青少年农业历史教育基地”。神农庄园服务项目包括：温泉体验、农耕博览、满族风情、健身运动、拓展训练、商铺购物、商旅会议、果蔬采摘、山林珍禽养殖、热带植物观赏、乡村深度休闲游等。

四、浙江省农业高科技示范园区

浙江省农业高科技示范园区坐落于浙江省杭州市萧山区，总占地面积5 000亩，总投资12亿元，是浙江省规模最大、科技含量

最高的农业园区。园区由传化集团和杭州市萧山区国有资产经营总公司合资组建的浙江传化江南大地发展有限公司负责建设和运营。

园区自 2000 年开始建设，2002 年开园以来，一期项目已经完成，并投入运行。共建成智能化温室 7 万平方米，普通温室 7 万平方米，其中智能化温室大部分从荷兰、法国引进，并配套引进了全自动播种流水线，建设了催芽室等；建成年产 3 000 万株组培苗的组培楼 3 000 平方米，以及其他办公、生产、科研用房，合计建筑面积 2 万平方米；建成 2 000 亩苗木示范区、1 000 亩水产养殖示范区。园区还建有上百个无公害蔬果温室大棚，一个花园中心。“种子种苗，花卉苗木”、“国内一流，国际有影响力”的发展战略得到贯彻实施。

园区注重农业生态旅游，已推出清风湖水上休闲区、770 亩生态湿地、田园风光、高科技农业观光（农科天地）、青少年素质教育基地和传化商务会馆等景点群。传化商务会馆位于清风湖畔，环境优美，按四星级标准设计和装修，拥有 500 多个餐位，40 多个客房，一个 300 多平方米的餐饮大厅，13 个装饰风格各异的包厢等。此外酒店还有一个可同时容纳 200～300 人的大型会议厅和数个小会议厅，并配有卡拉 OK、乒乓球室、垂钓、棋牌等康乐项目。酒店环境优雅、清新，具有浓厚的乡土气息，适合各类消费群体。酒店可提供吃、住、行、游、购、娱乐一条龙的全方位服务，特别适合休闲、旅行、农科考察、培训和会议组织。为有效地满足游客的需求，公司专门配备了一批专职导游，经培训合格后上岗接待游客。园区已达到日接待客人 4 000 人次的规模。

五、芳绿菇仙园（山东芳绿农业科技有限公司）

山东芳绿农业科技有限公司成立于 2000 年 4 月，是一家集秸秆栽培珍稀食用菌工厂化生产、产业化带动、食用菌特色餐饮、科技推广、休闲观光于一体的高科技现代农业产业化示范企业，下辖 5 个珍稀食用菌秸秆栽培基地。2010 年整合企业资源和行业优势，开发建设了集珍稀食用菌产、加、销与餐饮、观光、研发、培训于

一体的山东芳绿“六位一体”食用菌产业园特色产业项目，形成了食用菌行业独具特色的庄园式经营模式。

园区自创业以来，积极引进先进的管理模式，实现了超常规、

跨越式发展，先后被确认为“全国休闲农业与乡村旅游五星级企业”“全国科普惠农兴村先进单位”“全国青少年农业科普示范基地”“全国食用菌行业AAA级信用企业”“全国种植（养殖）能人培训示范基地”“全国食用菌行业优秀龙头企业”“农业产业化省级重点龙头企业”“山东省村企互动示范单位”“省级农产品加工骨干企业”等，主导产品荣获“山东省著名商标”“绿色食品”等荣誉称号。四项科技成果分别通过了省市级科技成果鉴定，均达到国内同类研究领先水平，申报了四项发明专利。

六、天宫庄园（宁波天宫庄园休闲旅游有限公司）

宁波天宫庄园休闲旅游区（简称“天宫庄园”）位于浙江省宁波市鄞州区下应街道，占地面积1 600亩，距宁波市区5千米、鄞州新城区3千米。以农业产业化为特色，包括40多万平方米采摘桑果基地、12 000平方米的植物世界、桑果深加工基地——天宫酒厂，天宫城堡以及葡萄园、草莓园、盆景园、梨园、牡丹园、蓝莓园、组培楼、科普长廊等高品质绿色观览基地，形成了一、二、三产业同步发展的新农村模式，被称作“中国乡村旅游的传奇”。是全国创建文明村先进单位、国家AAAA级旅游区、全国农业旅游示范点。2011年共接待游客66.58万人次，实现总收入达9 364万元，其中旅游收入2 982.8万元。

七、千龙湖生态旅游度假村（千龙湖生态旅游度假有限公司）

千龙湖生态旅游度假区距长沙市区 30 千米，规划总面积12 000亩，湖面面积 2 800 亩，投资 10 亿元，建设周期 15 年。其

经营主体长沙千龙湖生态旅游度假有限公司，是响应新时期党的“三农”政策而创办的一家民营独资企业，在完成企业造血功能的基础上致力于造福乡梓、建设新农村。自 2003 年开发以来，已投入资金 3.4 亿元，建设面积 7 000 亩，初步建成了现代农业示范园区、水产孵化基地、苗木培植基地和生态山庄等项目的配套建设，形成了休闲度假、商务会议、农业观光旅游、农副产品加工等系列旅游产品体系，项目丰富多样，条件良好，设施完善，服务优质。

千龙湖先后成功承办了首届和第二届长沙市乡村休闲旅游节、国际龙舟邀请赛、全国钓鱼锦标赛、“同饮长江水，共造平安林”湖南省保护母亲河大型公益活动、第四届中国长株潭生态休闲旅游节等多次国内外大型活动，并获得了国家 AAA 级旅游景区、国家湿地公园、国家水利风景区、全国农业旅游示范点、新潇湘休闲八景、湖南省五星级休闲农庄、湖南省十佳休闲农业企业等众多荣誉。

八、江苏省苏州市常熟支塘镇蒋巷村

蒋巷村地处常熟市东南边隅，属常、昆、太三市交界处，全村 186 户，户籍人口为 830 多人，村辖面积为 3 平方千米。在各级党委、政府的正确领导下，在省、市旅游部门的指导下，认真贯彻落实了党对农村的一系列方针政策，发扬“团结拼搏、务实创新”的蒋巷精神，坚持社会主义方向，走好强村富民、共同富裕道路。经过 40 多年的不懈努力，终于把一个低洼、偏僻、贫穷的水乡小村，建设发展成了“全面发展的现代化新农村”，初步实现了社会主义新农村建设的要求。2011 年全村三业总产值 12 亿元，主体工业销售收入超过 11 亿元，人均年收入达到 2.25 万元。

村党委书记常德盛同志是全国劳动模范、全国优秀共产党员、第三届全国道德模范、全国乡镇企业家、中共十六大代表、中共十八大代表，先后多次被中宣部、江苏省委号召党员干部学习的优秀共产党员。在他的带领下，蒋巷村先后获得全国文明村、全国农业旅游示范点、国家 AAAA 级旅游景区、国家级生态村、全国民主

法治示范村、全国特色景观旅游名村、中国最有魅力休闲乡村、全国敬老模范村、全国五星级休闲农业乡村旅游点、江苏省星级乡村旅游（区）点、江苏省文明村标兵和江苏省人居环境范例奖等，蒋

巷村以特有的“人间新天堂”的魅力而享誉国内外。

九、集发生态农业观光园（秦皇岛市北戴河集发农业综合开发股份有限公司）

北戴河集发生态农业观光园隶属秦皇岛市北戴河集发农业综合开发股份有限公司，总占地 1 500 亩，是一个以设施农业、农家乐旅游为特色的休闲农业园区。园区在 2002 年被评为全国第一家高科技农业旅游 AAAA 级景区，2004 年被评为全国农业旅游示范点，2011 年被评为全国休闲农业与乡村旅游五星级企业、全国休闲农业与乡村旅游示范点，并先后通过 ISO9001 国际质量管理体系认证和 ISO14001 国际环境管理体系认证。集发观光园以她得天独厚的地理优势，与生态农业观光的有机结合，使之规模建设不断扩大，分为综合活动区、采摘游乐区、观赏展示区，具有观、住、吃、购、玩五大功能。体现着自然的绿色之美，闪耀着现代化高科技农业的光辉。坐落在中北部的连栋智能温室，给人以新、奇、特、美的感受，温室内大多蔬菜采取无土技术栽培，如立柱式、管道式、墙体式的新奇栽培方法，展现出“蔬菜绕柱、西红柿上树、南瓜全国最大、丝瓜世界最长”的景观，让人为之惊叹，利用高新技术栽培出番茄树，将生长期一年的番茄延长至三年，最高产果量可达12 000～16 000个左右。培育出茄子树、黄瓜树、大豆树等，品种繁多，琳琅满目、别具特色的采摘一年四季让广大中外游客选购、采摘、品尝。集发生态农业观光园没有冬天，一年四季春意盎然。入住古香古色装点的大宅院、别墅村，给游客绿色之美的温馨享受。绿色饭庄品尝农家传统菜肴别有风味，采摘无公害的瓜让游客吃着放心。

十、恩龙世界木屋村（宁国市恩龙世界木屋村有限公司）

安徽恩龙林业集团有限公司是一家集林木种苗、园林绿化工程、生态旅游三大产业于一体的省级农业产业化和林业产业化双龙头企业。2006 年 6 月 15 日，组建集团公司，注册资金 5 000 万元，经营规模达 11 万余亩，现有员工 412 人，成为皖东南乃至华东地区一家颇具社会知名度和美誉度的明星民营企业。恩龙世界木屋村位于安徽省东南部的宁国市（与上海、南京、杭州、合肥几大城市均在 2～3 小时车程范围内），距市区 8 千米，毗邻长三角旅游圈和

安徽“两山一湖”旅游区，是一处集文化旅游休闲、度假观光、商务交流为一体的生态旅游度假区。先后被评为全国农业旅游示范点、省级农业科技示范园、全国十大生态休闲基地、全国生态文化基地、省级农业科技示范园、中国徽菜名店、中国自驾游联盟特约基地等荣誉。旗下的恩龙世界木屋村先后被评为国家AAAA级旅游景区、国家四星级旅游饭店等。

参考文献 REFERENCE

罗凯，2007. 农业美学初探［M］. 北京：中国轻工业出版社.
罗凯，2015. 美丽乡村之农业设计［M］. 北京：中国农业出版社.
罗凯，2001. 甘蔗糖业管理学［M］. 海口：南海出版公司.
吕伟明，孙雪，张媛，2010. 休闲农业规划设计与开发［M］. 北京：中国建筑工业出版社.
傅云新，蔡晓梅，2007. 旅游学［M］. 广州：中山大学出版社.
宗树森，1987. 土地工作手册［M］. 北京：农村读物出版社.
全国农业区划委员会，1991. 中国农业自然资源和农业区划［M］. 北京：农业出版社.
中华人民共和国国家统计局，2014. 中华人民共和国 2013 年国民经济和社会发展统计公报［N］. 经济日报，2014－02－25.
周大卫，2010. 借鉴国内外旅游农业经验　促进海南休闲农业发展［C］//农业部农村社会事业发展中心. 传承农耕文化　促进乡村旅游论文集. 北京：中国农业出版社：234－244.
刘新荣，廖卓娴，2012. 国际国内休闲农业发展比较研究［C］//肖彬. 休闲农业. 长沙：湖南师范大学出版社：45－50.
陈水雄，2010. 2010 年两岸休闲农业（海南）论坛论文选［M］. 北京：台海出版社.
王先进，1992. 坚持土地公有　合理使用土地［C］//中华人民共和国农业部. 建设中国特色的现代化农业. 北京：农业出版社：80－92.
林峰，2009. 用创意打造休闲农业［C］//农业部农产品加工局，北京市农村工作委员会，北京市农村经济研究中心. 中国创意农业（北京）发展论坛论文集. 北京：8－16.
弗朗西斯科·彼德蒂著，高圆圆译，2006. 卡特迈国家公园及保护区［C］//北美洲. 北京全景地理书业有限公司. 中国国家地理. 北京：006－009.
曹华，韩亚钦，徐进，赵景文，2009. 蔬菜文化迷宫的设计与种植技术［C］//农业部农产品加工局，北京市农村工作委员会，北京市农村经济研究中心．中国创意农业（北京）发展论坛论文集．北京：255-259.

冯乐平，2009. 御瓜园体验与营销的创意模式［C］//农业部农产品加工局，北京市农村工作委员会，北京市农村经济研究中心．中国创意农业（北京）发展论坛论文集．北京：346-348.

张鹏，罗滔，2012. 一个设计师眼中的台湾创意农业——以台一生态、清境农场和阿里山邹族文化村为例［C］//肖彬．休闲农业．长沙：湖南师范大学出版社：29-32.

邱宏亮，吴雪飞，李镇华，翁栋，2014. 文明旅游意识对文明旅游行为意向的影响［C］//中国旅游研究院．2014 中国旅游科学年会论文集．北京：13-23.

涂玮，金丽娇，2013. 娱乐体验型主题公园游客价值体验对园区依恋的影响研究［C］//中国旅游研究院．2013 中国旅游科学年会论文集．北京：576-583.

谢维光，贾春晶，姜月莹，崔丽伟，王硕，2013. 城市居民群体休闲活动发展动因与社会影响——基于佳木斯“快乐舞步”的调查［C］//中国旅游研究院．2013 中国旅游科学年会论文集．北京：12-19.

李飞，李雪仪，2013. 广佛地铁开通对游客出行交通方式选择的影响——基于佛山祖庙的调查研究［C］//中国旅游研究院．2013 中国旅游科学年会论文集．北京：114-124.

李飞，邓冰心，2013. 广珠城轨开通对游客出行交通方式选择的影响——基于顺德清晖园的调查分析［C］//中国旅游研究院．2013 中国旅游科学年会论文集．北京：125-133.

彭宗波，蒋菊生，刘志崴，朱智强，蒋英，2014. 休闲农业经营诊断与规划——以海南农垦万嘉果南海基地为例［J］．海南经贸（海南休闲农业高峰论坛特刊)：77-82.

杨会兰，2013. 美丽中国建设与导游员礼仪形象的塑造［C］//中国旅游研究院．2013 中国旅游科学年会论文集．北京：423-427.

叶欣梁，汪泓，孙瑞红，吴明远，2014. 中国邮轮母港旅游服务接待标准探析［C］//中国旅游研究院．2014 中国旅游科学年会论文集．北京：271-282.

姜辽，2014. 周庄古镇旅游劳工移民的存在论分析［C］//中国旅游研究院. 2014 中国旅游科学年会论文集．北京：283-290.

何忠伟，曹暕，2012. 北京休闲农业发展现状、问题及政策建议［C］//农业部农村社会事业发展中心，湖南省长沙市望城区人民政府．2012 中国（望城）休闲农业与乡村旅游系列活动论文集．北京：中国言实出版社，2012：63－69.

赵洁，王尚坤，马爱萍，2014. 四大佛教名山营销渠道对比研究［C］//中国旅游研究院．2014中国旅游科学年会论文集．北京，2014：327－332.

王尚坤，赵洁，马爱萍，2014. 基于网络的旅游营销新方式［C］//中国旅游研究院．2014中国旅游科学年会论文集．北京：92－97.

杨娜，李爽，马爱萍，2013. 基于网络口碑影响力因素的旅游景区营销策略研究［C］//中国旅游研究院．2013中国旅游科学年会论文集．北京：230－233.

冯莊，1998. 农业美学的跋［J］．北京农学院学报（2）：105－108.

陈望衡，2004. 一种崭新的农业理念——农业美学［J］．湖南社会科学（3）：7－9.

张敏，2004. 农业景观中的生产性与审美性的统一［J］．湖南社会科学（3）：10－12.

陈李波，2004. 我们要建设什么样的农业景观？——城乡景观边界模糊及其应对［J］．湖南社会科学（3）：13－16.

赵红梅，2004. 建设崭新的乡村生活方式［J］．湖南社会科学（3）：17－20.

张慧，沈渭寿，王延松，邹长新，2015. 黑河流域草地承载力研究［J］．自然资源学报，20（4）：514－521.

杨名，2013. 都市美丽乡村　农民幸福家园　休闲农业“五朵金花”让乡村更美丽——南京市江宁区休闲农业“五朵金花”示范村建设的成功经验和启示［C］．农业部农村社会事业发展中心，江苏省南京市高淳区人民政府. 2013中国（高淳）休闲农业与美丽乡村建设系列活动论文集．北京：中国言实出版社：76－82.

好搜百科，2015. 旅游［EB/OL］．http：//baike. haosou. com/doc/5326911－5562083. html，2015－07－17.

前瞻产业研究院，2014. 2013—2017年中国休闲农业与乡村旅游深度调研与投资战略规划分析报告［EB/OL］．http：//www. qianzhan. com/report/detail/5b0a5f4b445b4a70. html，2014－06－27.

百度百科，2012. 农学［EB/OL］．http：//baike. baidu. com/link？url＝McuisuJunhfEVDRnDejknuG74Gr3N _ YUgVQsfP—KP6 _ 03tzia7FVGZST1JXj6ABUxhPaGh-wJwKdJy9d6JeK _，2012－06－28.

百度百科，2012. 旅游学［EB/OL］．http：//baike. baidu. com/link？url＝

g2YBHx3akhBtgShLTzQ9EbH6FcEOf2qHiA _ iZHtXlIYmfcI7zKncFBn7Em50ugtY3pbQTDADfkzZq _ S90hGga _ ，2012 - 08 - 20.

百度百科，2012. 土壤分类［EB/OL］. http：//baike. baidu. com/link? url=afkbqz9ZYr24qTWXD4z0QhzyubM1TlAvw6B6UkXzA67fkpQn7Jei-MENnv-ak0NtHIMNV1o9oIerm4X7vYnDna，2012 - 09 - 29.

百度百科，2012. 生物［EB/OL］. http：//baike. baidu. com/link? url=a7yL8dq-MQ _ 8LgMOwWbk _ nLN _ SqV9uGrRbIP9VkLKZfsM0thTZP - u _ J7A73ONZGkgezSj6IKJ0pe7hyF371rObw7etiuFAP1VSjO4lArcSy，2012 - 11 - 16.

百度百科，2014. 休闲农业［EB/OL］. http：//baike. baidu. com/link? url=9NE7kXE05j2PtcKPOt6djZLOPHeJ _ o-juZPXAUznrsvnurJrsUa _ j9jgwakES9q9-tQ-BJsp-cQL39ov16lIJ _ ，2014 - 07 - 05.

北京乡村旅游网，2012. 北京昌平苹果主题公园［EB/OL］. http：//ly. bjnw. gov. cn/xxny/gggy/200909/t20090929 _ 189971. html，2012 - 09 - 03.

云南省丽江玉水寨生态文化旅游有限公司，2012. 丽江玉水寨景区简介［EB/OL］. http：//www. yushuizhai. com/about/? 8. html，2012 - 09 - 05.

好搜百科，2015. 实体［EB/OL］. http：//baike. haosou. com/doc/5398630 - 5636049. html，2015 - 09 - 15.

国家农业部，国家旅游局，2010. 国家农业部国家旅游局关于开展全国休闲农业与乡村旅游示范县和全国休闲农业示范点创建活动的意见［EB/OL］. http：//www. moa. gov. cn/govpublic/XZQYJ/201008/t20100804 _ 1612014. htm，2010 - 07 - 28.

农业部办公厅，2013. 农业部“美丽乡村”创建目标体系［EB/OL］. http：//finance. china. com. cn/roll/20130515/1470867. shtml，2013 - 05 - 15.

农业部农产品加工局，2014. 新疆生产建设兵团第十师181团克木齐社区二连［EB/OL］. http：//www. crr. gov. cn/articleContent? articleId=400&parentId=15&sonParentId=27，2014 - 10 - 22.

农业部农产品加工局，2014. 厦门市同安区顶村村［EB/OL］. http：//www. crr. gov. cn/articleContent? articleId=401&parentId=15&sonParentId=27，2014 - 10 - 22.

农业部农产品加工局，2014. 新疆维吾尔自治区尼勒克县加哈乌拉斯台村［EB/OL］. http：//www. crr. gov. cn/articleContent? articleId=402&parentId=15&sonParentId=27，2014 - 10 - 22.

农业部农产品加工局，2014. 宁夏回族自治区西吉县龙王坝村［EB/OL］. http://www.crr.gov.cn/articleContent?articleId=403&parentId=15&sonParentId=27，2014-10-22.

农业部农产品加工局，2014. 甘肃省和政县吊滩村［EB/OL］. http://www.crr.gov.cn/articleContent?articleId=404&parentId=15&sonParentId=27，2014-10-22.

农业部农产品加工局，2014. 贵州省黄果树县滑石哨村［EB/OL］. http://www.crr.gov.cn/articleContent?articleId=405&parentId=15&sonParentId=27，2014-10-22.

农业部农产品加工局，2014. 云南省巍山县东莲花村［EB/OL］. http://www.crr.gov.cn/articleContent?articleId=406&parentId=15&sonParentId=27，2014-10-22.

农业部农产品加工局，2014. 四川省苍溪县文家角村［EB/OL］. http://www.crr.gov.cn/articleContent?articleId=407&parentId=15&sonParentId=27，2014-10-22.

农业部农产品加工局，2014. 重庆市巴南区集体村［EB/OL］. http://www.crr.gov.cn/articleContent?articleId=408&parentId=15&sonParentId=27，2014-10-22.

农业部农产品加工局，2014. 海南省三亚市槟榔村［EB/OL］. http://www.crr.gov.cn/articleContent?articleId=409&parentId=15&sonParentId=27，2014-10-22.

农业部农产品加工局，2014. 上海市奉贤区庄行油菜花景观［EB/OL］. http://www.crr.gov.cn/articleContent?articleId=145&parentId=15&sonParentId=26，2014-10-17.

农业部农产品加工局，2014. 重庆市巫山县万亩油菜花景观［EB/OL］. http://www.crr.gov.cn/articleContent?articleId=150&parentId=15&sonParentId=26，2014-10-17.

农业部农产品加工局，2014. 四川省泸州市江阳区油菜花景观［EB/OL］. http://www.crr.gov.cn/articleContent?articleId=151&parentId=15&sonParentId=26，2014-10-17.

农业部农产品加工局，2014. 江苏省南京市高淳区慢城油菜花景观［EB/OL］. http://www.crr.gov.cn/articleContent?articleId=146&parentId=15&sonParentId=26，2014-10-17.

农业部农产品加工局，2014. 云南省腾冲县万亩油菜花景观［EB/OL］. http：//www. crr. gov. cn/articleContent? articleId＝153&parentId＝15&sonParentId＝26，2014－10－17.

农业部农产品加工局，2014. 安徽省望江县沿江油菜花景观［EB/OL］. http：//www. crr. gov. cn/articleContent? articleId＝149&parentId＝15&sonParentId＝26，2014－10－17.

农业部农产品加工局，2014. 陕西省南郑县油菜花景观［EB/OL］. http：//www. crr. gov. cn/articleContent? articleId＝154&parentId＝15&sonParentId＝26，2014－10－17.

农业部农产品加工局，2014. 甘肃省永昌县油菜花景观［EB/OL］. http：//www. crr. gov. cn/articleContent? articleId＝155&parentId＝15&sonParentId＝26，2014－10－17.

农业部农产品加工局，2014. 青海省祁连县卓尔山油菜景观［EB/OL］. http：//www. crr. gov. cn/articleContent? articleId＝156&parentId＝15&sonParentId＝26，2014－10－17.

农业部农产品加工局，2014. 新疆生产建设兵团第四师 76 团油菜花景观［EB/OL］. http：//www. crr. gov. cn/articleContent? articleId＝157&parentId＝15&sonParentId＝26，2014－10－17.

中国休闲农业网，2014. 江西省现代生态农业示范园（江西省凤凰沟风景区）［EB/OL］. http：//www. crr. gov. cn/articleContent? articleId＝775&parentId＝15&sonParentId＝24，2014－11－05.

中国休闲农业网，2014. 辽河湿地·鼎翔休闲农业与生态旅游园区［EB/OL］. http：//www. crr. gov. cn/articleContent? articleId＝779&parentId＝15&sonParentId＝24，2014－11－05.

中国休闲农业网，2014. 神农庄园（吉林市神农庄园有限责任公司）［EB/OL］. http：//www. crr. gov. cn/articleContent? articleId＝778&parentId＝15&sonParentId＝24，2014－11－05.

中国休闲农业网，2014. 浙江省农业高科技示范园区［EB/OL］. http：//www. crr. gov. cn/articleContent? articleId＝776&parentId＝15&sonParentI d＝24，2014－11－05.

中国休闲农业网，2014. 芳绿菇仙园（山东芳绿农业科技有限公司）［EB/OL］. http：//www. crr. gov. cn/articleContent? articleId＝777&parentId＝15&sonParentId＝24，2014－11－05.

中国休闲农业网，2014. 天宫庄园（宁波天宫庄园休闲旅游有限公司）[EB/OL]. http：//www. crr. gov. cn/articleContent? articleId = 753&parentId = 15&sonParentId=24，2014-11-04.
中国休闲农业网，2014. 千龙湖生态旅游度假村（千龙湖生态旅游度假有限公司）[EB/OL]. http：//www. crr. gov. cn/articleContent? articleId = 752&parentId=15&sonParentId=24，2014-11-04.
中国休闲农业网，2014. 江苏省苏州市常熟支塘镇蒋巷村［EB/OL］. http：//www. crr. gov. cn/articleContent? articleId = 750&parentId = 15&sonParentId=24，2014-11-04.
中国休闲农业网，2014. 集发生态农业观光园（秦皇岛市北戴河集发农业综合开发股份有限公司）［EB/OL］. http：//www. crr. gov. cn/articleContent? articleId=747&parentId=15&sonParentId=24，2014-11-04.
中国休闲农业网，2014. 恩龙世界木屋村（宁国市恩龙世界木屋村有限公司）［EB/OL］. http：//www. crr. gov. cn/articleContent? articleId = 745&parentId =15&sonParentId=24，2014-11-04.